Viviendo en Brasil

Como Voluntario del Cuerpo de Paz y Empresario

H. Lynn Beck

Viviendo en Brasil
Como Voluntario del Cuerpo de Paz y Empresario

Derechos de Autor © 2023 by H. Lynn Beck.

Edición Rústica ISBN: 978-1-63812-183-1
Libro Electrónico ISBN: 978-1-63812-184-8

Reservados todos los derechos. Queda expresamente prohibida la reproducción total o parcial de esta obra por cualquier medio, ya sea electrónico o mecánico, incluidas la fotocopia, la grabación o cualquier sistema de almacenamiento y recuperación de información, sin la autorización por escrito del titular de los derechos de autor.

Las opiniones expresadas en esta obra son exclusivamente las del autor y no reflejan necesariamente los puntos de vista del editor, que por la presente declina toda responsabilidad al respecto.

Publicado por Pen Culture Solutions 03/07/2023

Pen Culture Solutions
1-888-727-7204 (USA)
1-800-950-458 (Australia)
support@penculturesolutions.com

Contenido

Dedicación ix

Entrenamiento del Cuerpo de Paz 1
Primera Misión: Cuiabá, Mato Grosso 5
Un Viaje al Norte de Cuiabá, Adentrándose en la Selva 11
Moving to Natal, Rio Grande do Norte 19
David 25
Portugués 28
Judías Verdes, Yuca y Carne de Sol 29
Preparación de Pizzas 31
Alecrim En El Día de Mercado 32
Viajar en Autobús: Un Vistazo a la Vida de la Gente 34
Viaje a Estados Unidos para Visitar Programas de Doctorado 36
Aprendiendo a Bailar la Samba en Brasil 38
Carnaval 44
Un Club Nocturno en João Pessoa 47
El Compromiso 48
El Viaje en Yate 51
El Matrimonio 54
Regreso a EE.UU. - Por Primera Vez 56
Regreso a Brasil 62
El Viaje a Casa para Ver a Papá 68
Estudio Sobre la Leche 71
Enfermarse 75
Asesoría A Tiempo Parcial 77
David contra Goliat 82

La Cámara de Representantes y el Club de Caballeros 84
Corriendo por la Calle Junto a la Playa 85
Se Enferma 86
Navidad 88
Parrillada en la Esquina 89
Gasolineras Cerradas el Fin de Semana 90
Viaje de Asesoría a Paraíba 92
Asesoría para la Algodoeira 95
Abrir Una Tienda de Computadoras 97
Temporada de Apareamiento de las Tarántulas 100
Grandes Ratas Invaden Nuestra Casa 101
El Vudú vs. Espiritismo de Mesa Blanca 103
Hacer las Cosas en el Nordeste de Brasil 106
Cómo Contrarrestar un Hechizo de Macumba 111
Cómo Utilizar Caramelos por Dinero en el Supermercado 115
Otra Visita a la Mesa Blanca 117
Basura en Nuestro Terreno 118
Mi Vecino con una Ametralladora 119
Problemas con los Empleados 121
Perseguido por una Scooter 122
Demandado por el Fiscal General de Río Grande do Norte 123
Mi Amigo Asesinado Fuera de un Club Nocturno 125
Mudanza a São Paulo 127
Buscando Casa en São Paulo 129
Dos Semanas en una Convención en Río de Janeiro 133
Abandonando la Compañía 135
El Rancho de los Pollos 137
El Criador Alemán de Cerdos 140
Sorpresa: Todos los Precios Están Congelados 143
Invierno en São Paulo 147
La Policía y el Ladrón 148
Nuestro Trabajador y los Ladrones Callejeros 149
Ir al Banco el Día de Pago 151
Conducir por la Circunvalación 152
Banco Safra 153

Preparativos para Regresar a EE.UU 158
De Nuevo en Casa Después de Ocho Años 160
Por Fin, un Empleo 161
1988 y Más Allá 165

Dedicación

Estaré eternamente agradecido con mi mejor amiga, Doña Katia. También a su familia: Doña Vania, Doña Naide y Seu José. Sin su amistad, nunca habría podido sobrevivir diez años en Brasil.

Agradezco el apoyo de mis hijos: Kevin, Nicholas y Christianne. Su aliento me hizo seguir escribiendo.

Entrenamiento del Cuerpo de Paz

Acabé mi maestría en Vermont a mediados de 1974. Aún no tenía ni idea de qué debía hacer y, ante la duda, me alisté en el Cuerpo de Paz. Llené una solicitud y, finalmente, recibí una invitación para trabajar en Brasil. Acepté. Me pareció un trabajo perfecto. Mi destino era trabajar en educación en el estado de Mato Grosso. Una de las ventajas de ir a Brasil era que aprendería a hablar portugués y me familiarizaría con una cultura importante de América Latina. Contaba los días que faltaban para el comienzo del entrenamiento.

De Río volamos a Belo Horizonte, la capital del estado de Minas Gerais. Belo Horizonte era una ciudad muy grande. Minas Gerais, que significa "minas generales" en español, era conocida por la extracción de esmeraldas, rubíes, diamantes y otras piedras preciosas.

Los alumnos se repartían entre dos o tres internados, al igual que las alumnas. A mí me colocaron, junto con otros cinco o seis, en la pensión de una anciana. Era difícil aprender portugués mezclado con varios aprendices que hablaban inglés.

Todos los días teníamos que tomar un autobús para ir al centro de entrenamiento del Cuerpo de Paz. Algunos de los otros aprendices se pegaban a mí porque sabían que yo hablaba español y podía resolver cualquier problema que pudiera surgir por el camino. En el centro de entrenamiento, el edificio principal era una casa situada en un lado de la propiedad. Varias salas situadas alrededor de la pared exterior de la propiedad se utilizaban para las clases individuales de idiomas. Había un patio central que se utilizaba para reuniones, partidos de voleibol y ocasionales momentos para beber.

No se parecía en nada a mi primera experiencia de entrenamiento en el Cuerpo de Paz, cuando habíamos entrenado en la cima de una montaña en una selva tropical en Puerto Rico. Pronto me di cuenta de que los participantes también eran muy diferentes. La mayoría había ingresado en el Cuerpo de Paz para mejorar su currículum. Ayudar a la gente era algo secundario con respecto a su objetivo de mejorar sus currículos. La mayoría de ellos no me impresionaron. Me resultaba aún más difícil relacionarme con ellos que con la gente. Me mantenía al margen. El Cuerpo de Paz había cambiado desde 1967, mi primera experiencia, y ésta no me gustó tanto como la anterior.

Teníamos de tres a siete aprendices por instructor de idiomas, pero enseguida me sentí poco feliz. Sentía que podía aprender mucho más rápido que los otros aprendices gracias a mi fluidez en español. Me sentí frustrado. Al poco tiempo, dejé de ir a clase y me quedé en el edificio principal, leyendo libros en un rincón de la biblioteca.

Se corrió la voz de que no iba a clase y pronto recibí la visita del responsable de nuestro curso de portugués. Después de exponer mi caso, un miembro del personal mencionó que tenía un amigo que era agrimensor en la zona rural. Me propuso vivir con la familia de su amigo y seguirlo a todas partes. Llamó a su amigo Victor, que aceptó recibirme. Al día siguiente, me fui a casa de Victor en autobús desde Belo Horizonte hasta el pueblo de Victor. No me había sentido a gusto viviendo en aquella enorme ciudad. Me puse nervioso.

Víctor me recibió en la estación de autobuses, que estaba situada a la sombra de un gran árbol en la plaza del pueblo. Víctor era simpático, metió mi maleta en su jeep y me llevó a su casa. Charlaba mientras conducía. Entendía la mitad de lo que decía, pero mi portugués no me permitía mantener mi parte de la conversación. Mientras llevaba mi maleta al interior de su pequeña casa y la dejaba junto al sofá, mencionó que su mujer estaba trabajando.

Víctor me explicó que tenía que inspeccionar un rancho y que pasaríamos el resto de la tarde en el campo. Condujo hasta un pequeño bar al aire libre y pedimos un par de refrescos y bocadillos de jamón y queso. Antes de partir, me dijo que tenía un compañero, João, al que tenía que recoger en su casa, un par de calles después. João ya estaba en la calle. En cuanto nos detuvimos, subió al asiento trasero y nos pusimos en marcha.

Mi portugués consistía en un 95% de español y un 5% de portugués, pero pudimos comunicarnos. Gracias a mi experiencia anterior en el Cuerpo de Paz, no me costaba nada estar solo con conocimientos lingüísticos limitados. Siempre encontraba la manera de comunicarme. Si mi portugués y mi español me fallaban, me quedaban las señales manuales y el diccionario inglés-portugués/portugués-inglés.

Salimos por una carretera asfaltada de dos carriles con anchos arcenes y sin baches. Al cabo de unos kilómetros, nos desviamos por una carretera secundaria menos transitada. Una y otra vez, nos desviamos por carreteras secundarias menos transitadas hasta que llegamos a un camino de tierra de un solo carril lleno de zanjas y agujeros que pasaba entre arbustos y puertas para el ganado. De repente, Víctor se detuvo y aparcó. Nos explicó que este rancho era propiedad de dos hermanos, pero como ambos se habían casado y habían formado sus propias familias, necesitaban separar la tierra y los bienes de construcción en dos ranchos equivalentes. Ese era el trabajo de Víctor.

Para mí era muy aburrido. Víctor preparó su equipo, comprobó la nivelación y, después de hacer que João se alejara de nosotros con su pértiga topográfica, empezó a tomar lecturas de distancias y ángulos. Hacía mucho calor y estaba seco. Estaba sudando mucho y pronto empecé a tener sed. A Victor no parecían afectarle ni el calor ni el sol. No vi gotas de sudor en él, mientras que a mí me corría sudor por la cara. Le dejé trabajar y no intenté hablar con él. No quería que se arrepintiera de su decisión de permitirme entrar en la vida de su familia.

Tardó casi toda la tarde en terminar el trabajo. Me alegré de ver volver a João, arrastrando su bastón de agrimensor. Me di cuenta de que estaba cansado. Víctor aflojó los tornillos de su aparato, lo guardó en su caja y volvimos a casa.

Viví varias semanas con Víctor y su familia. Sabía que no siempre les resultaba cómodo tenerme en su pequeña casa, pero nunca dejaron ver su frustración. Yo les pagaba un alquiler por el uso de su casa, pero creo que me aceptaron en su hogar no por el alquiler, sino para hacerle un favor a su amigo que había preguntado en mi nombre.

Mi portugués mejoró un poco cada día mientras estuve allí. Siempre intentaba aprender una palabra nueva cada día, pero con mi limitado vocabulario, me resultaba posible aprender media docena de palabras nuevas cada día.

Nuestro período de entrenamiento terminó, y me llamaron de vuelta al centro de entrenamiento. El Cuerpo de Paz celebraba su ceremonia de juramento, en la que prestábamos servicio como voluntarios. Después, todos nos tomamos unas cervezas bien frías y nos enviaron a nuestros destinos finales: nuestros lugares de trabajo.

Primera Misión: Cuiabá, Mato Grosso

Me trasladaron a Cuiabá (Mato Grosso), el centro geográfico de Sudamérica. Cuando bajé del avión en Cuiabá, me sentí como si me hubieran metido en una olla a presión. Hacía mucho calor y había mucha humedad, y estábamos al principio de la estación seca, no de la lluviosa. En la estación lluviosa, llovía constantemente y la humedad era aún mayor.

No sólo era el centro geográfico de Sudamérica, sino que la divisoria continental pasaba por Cuiabá. Hacia el norte, el agua desembocaba en ríos que a su vez desembocaban en el río Amazonas. Al sur, el agua fluía hacia los ríos que pasaban por Argentina y desembocaban en el océano.

El hecho de ser el centro geográfico de América del Sur implicaba que Cuiabá estaba más alejada de la civilización que cualquier otro lugar de América Latina. Todo lo que se fabricaba se hacía en otro lugar, y ese otro lugar estaba siempre a medio mundo de distancia. Todo tenía que enviarse desde el sur industrial: São Paulo y sus alrededores. Las carreteras en la mayor parte del trayecto entre São Paulo y Cuiabá eran malas, casi intransitables durante la época de lluvias y estaban llenas de baches durante la seca, lo que incrementaba los costes de transporte. El costo de la vida en Cuiabá era el más caro que había visto en ninguna parte. El único producto barato era la madera. No había escasez de madera porque se talaban árboles por todas partes para despejar el terreno.

La agricultura en el sur de Brasil estaba muy avanzada. Después de la Segunda Guerra Mundial, muchos alemanes decidieron trasladarse a Brasil y se establecieron en los estados del sur. Había muchas ciudades donde la gente hablaba alemán en todas partes; incluso las escuelas se enseñaban en alemán, hasta que el gobierno federal aprobó una ley que obligaba a que todas las escuelas y los asuntos gubernamentales se realizaran en portugués. La arquitectura de la mayoría de los edificios de muchas ciudades era mayoritariamente alemana.

En el sur, la demanda de tierras era alta porque todo el mundo quería cultivar y poseer su propia tierra, pero los terratenientes no sólo no querían vender ninguna tierra, sino que querían comprar más tierras. Cuando el gobierno abrió el Mato Grosso rural al desarrollo, hubo una fiebre por la tierra. Las personas que aspiraban a poseer grandes explotaciones, como los pequeños agricultores y los asalariados, corrieron hacia el norte para hacerse con el mayor terreno posible. Si tenían tierra, la alquilaban a un vecino y dejaban a sus familias mientras iban al norte a buscar terrenos adecuados y limpiarlos para cultivar. Sólo entonces llevaban a sus familias al norte.

Esta tendencia tuvo consecuencias. La ciudad de Cuiabá y la región circundante crecían rápidamente. La población era principalmente masculina. La vivienda era escasa y muy cara. Los empleos eran difíciles de encontrar y mal pagados. Había mucho alboroto. Las ferreterías vendían hachas, palas, cadenas, motosierras y clavos. Todo el mundo tenía una mochila o una mula para llevar sus provisiones al desierto.

Cuando llegué, me dijeron que había algunos problemas con mi misión y que debían resolverse antes de que pudiera empezar. Mientras tanto, estaría a la espera.

El director del Cuerpo de Paz me dijo que encontrara un lugar donde vivir y que esperara. No fue fácil, porque nuestra asignación para vivir era mínima en relación con el creciente costo del alojamiento. Me hablaron de una pensión tipo albergue situados en las afueras de la ciudad. Era una habitación grande sin divisiones. A cada lado había filas de camas pequeñas. Había unas treinta o cuarenta camas en total, y rara vez quedaba alguna libre. En una esquina había duchas y baños. Los hombres alquilaban las camas por días, semanas o meses. No era un lugar seguro, y no se podía dejar allí nada de valor, ni siquiera mientras dormías. Yo dejé mi billetera dentro de la funda de la almohada. Por la noche hacía un calor insoportable, no había ventilación y los mosquitos eran un grave problema. Todos los que podían permitírselo compraban un ventilador giratorio y lo colocaban cuidadosamente para que soplara ligeramente por encima del cuerpo, recorriéndolo de la cabeza a los pies. Esto minimizaba el riesgo de resfriarse con el calor y evitaba que los mosquitos se posaran en nuestros cuerpos.

En el albergue conocí a unos hombres que venían de Rio Grande do Sul, un gran estado agrícola situado muy al sur. Todos pensaban que algún día serían propietarios de grandes explotaciones agrícolas que podrían heredar a sus hijos. Hablaban con mucha seguridad, como si se tratara de un hecho que, sencillamente, aún no se había producido. Estos hombres se preparaban para desaparecer en los bosques y replantear su derecho, y luego talarían árboles enormes utilizando sus hachas y motosierras. Estos hombres decididos intentaban quemar los árboles caídos lo antes posible y arrojaban semillas al suelo, esperando que brotaran los cultivos. Con frecuencia se decepcionaban. Los suelos forestales eran buenos para los árboles, pero no tanto para los cultivos.

Muchos de los árboles talados eran de caoba. El tamaño de un árbol se determinaba mediante una medición en la que los hombres se colocaban frente al árbol, estiraban las manos y tomaban las de los hombres que estaban a su lado. La medida era cuántos hombres hacían falta para abarcar la circunferencia del árbol. Era habitual que un árbol necesitara tres o más hombres para abarcarlo. Los árboles se quemaban allí donde caían. No tenían ningún valor.

La carencia de carreteras adecuadas, incluso en la temporada de sequía, impedía transportar los árboles para convertirlos en tablas. Además, no había aserraderos capaces de procesar árboles tan grandes. Aunque la madera se hubiera podido transformar en tablas, hubiese tenido que recorrer miles de kilómetros para encontrar un mercado, por lo que carecía de valor. Cuiabá se encontraba en el fin del mundo, donde el viento llega antes de detenerse a descansar y dar la vuelta. Era como si Cuiabá fuera una isla situada en medio del océano Pacífico.

Muchos de los residentes del albergue eran simpáticos. A menudo nos sentábamos en nuestras camas y hablábamos de nuestras familias y de por qué estábamos en Mato Grosso. Gracias a estos ciudadanos de Rio Grande do Sul, también conocidos como gauchos, conocí la erva matte, o té verde. Aprendí que formaba parte de una exquisita ceremonia social que se compartía en las situaciones más básicas, pero siempre con gran significado. El té se transportaba en una bolsa, igual que el tabaco para fumar. El recipiente en el que se colocaba para beberlo se llamaba cuia, del nombre de la calabaza con la que se elaboraba.

El hombre que nos sugirió que probáramos la erva, el anfitrión, continuó la conversación mientras cargaba cuidadosamente la cuia con té. La cuia tenía siempre cinco o seis pulgadas de profundidad y dos o tres de ancho. La llenaba hasta el borde y la colocaba de lado para dejar un espacio abierto desde la parte superior hasta la base. Luego, el hombre sacaba una larga pajita de plata con un filtro del tamaño de un cuarto en la parte inferior. Con cuidado, colocó la pajita metálica a lo largo del lateral hasta que llegó al fondo de la cuia. Lentamente enderezó la cuia y tomó su termo, que siempre estaba lleno de agua recién hervida. La vertió en la cuia a lo largo de la pajita. El primer sorbo de la pajita fue el del anfitrión. Esto se debía a que contenía pequeños trozos de hojas que él consideraba demasiado desagradables para sus invitados. Cuando el anfitrión estaba seguro de que el té ya no contenía fragmentos de hojas, se lo pasaba a la siguiente persona, que sorbía y se lo pasaba a la siguiente y a la siguiente, hasta que se acababa. Entonces, el proceso volvía a empezar. Era maravilloso.

Fue entonces cuando me di cuenta de que tenía un forúnculo en el cuello. Era muy doloroso y empeoraba cada día en lugar de mejorar. Me dolía especialmente con el calor, y mi camisa lo irritaba constantemente al frotarlo. El Cuerpo de Paz me autorizó a que me lo extirparan quirúrgicamente. Tuve que arreglármelas para ir al hospital, lo que no fue fácil. No tenía dinero para tomar un taxi. Tenía que caminar bajo el calor y sudar como una tonta o aprenderme las rutas de los autobuses. Tuve que caminar.

A la mañana siguiente, temprano, me pusieron anestesia general y me extirparon el forúnculo. Me sentí muy solo cuando salí lentamente de la anestesia. Nadie me visitaba y nadie venía a recogerme. Me sentía mal por las secuelas de la operación, por sencilla que hubiera sido. Mi familia en casa no tenía ni idea. Me hubiera gustado tener a un amigo o a un familiar allí para hablar conmigo.

Tardarían un par de horas más en darme el alta. La inmovilidad forzada y el hecho de no sentirme bien eran condiciones propicias para la soledad. Dormí todo lo que pude y tuve un sueño mientras los efectos de la anestesia iban desapareciendo. Soñé que dos encantadoras señoras caminaban por el pasillo y, al ver a este joven en esta enorme habitación completamente solo, se detenían, miraban y entraban en mi habitación. Se acercaron a mi cama. Creo que una era la madre y la otra la hija. Las dos eran guapas, con sonrisas brillantes y ojos enormes. Una me preguntó: "¿Eres estadounidense?".

Creo que sonreí y respondí: "Sí. ¿Cómo lo supiste?". La otra preguntó: "¿Estás aquí solo?".

"No. Ustedes están aquí conmigo".

Esto hizo que ambas sonrieran aún más. Una de ellas preguntó: "¿No tienes amigos?".

Consciente de que podría ganarme alguna simpatía, respondí: "No. No conozco a nadie". Quizás estaba tentando a la suerte, pensé, y podrían descubrir mi truco dramático.

"Qué triste", dijo una de las señoras. Formaban un equipo y podían mantener una conversación excelente mientras alternaban preguntas y respuestas.

"Señorita", logré decir débilmente.

"Sí", respondió la hija acercándose para oír mejor. "¿Quiere casarse conmigo?" supliqué con mi voz más desesperada.

Creo que vi a la hija esbozar una maravillosa sonrisa, al igual que la madre, que tomó a su hija por el hombro y la sacó a toda prisa de la habitación. Me miraron al salir y sonrieron. Aún no había dominado mi técnica con las señoras, pero sabía que estaba mejorando. Día tras día, no tenía nada que hacer, sobre todo porque sólo tenía dinero para pagar la pensión, la lavandería y la comida básica. Me las arreglaba con un par de Pepsis cada noche como entretenimiento, pero hasta ahí llegaba mi dinero.

Por razones de seguridad, dejé las maletas llenas de mis pertenencias en el despacho del director del Cuerpo de Paz. Utilizaba una pequeña bolsa de lona para llevar una muda de ropa a mi litera cada día y al día siguiente volvía con mi ropa sucia a la oficina y la cambiaba por ropa limpia de mi maleta. Luego fui al centro de la ciudad para ver cómo se movía, y había movimiento. Me recordó el aspecto que podía tener una ciudad en auge durante los periodos de rápida expansión del viejo Oeste. Había gente por todas partes, siempre ocupada, haciendo algo o yendo a algún sitio y comprando cosas y llevándolas a alguna parte. Me quedé mirando y esperando. Me sentía frustrado. Sentía envidia de todos aquellos que tenían un propósito en sus vidas. Una vez, mientras estaba en un bar del centro de la ciudad bebiendo mi Pepsi, entró otro americano, pidió una cerveza y se sentó en la mesa de al lado. Era más o menos de mi edad, pero tenía una barba larga y desigual y llevaba un sombrero arrugado. Empecé a hablar con él y se sentó a mi mesa. Era un antropólogo contratado por la organización gubernamental encargada de proteger a las comunidades indígenas. Era un negociador oficial de los indios. Cuando estallaron los problemas entre los rancheros y los indios, le llamaron para negociar un acuerdo y evitar víctimas.

Me contó historias de indios que disparaban flechas a los trenes que pasaban lentamente por sus territorios. Decía que, a veces, los rancheros invadían las tierras de los indios y los indios los atrapaban allí y los inmovilizaban en una situación insostenible. Otras veces, los rancheros sorprendían a los indios en una posición débil y los inmovilizaban. Siempre corría alguien a buscar al antropólogo, que se apresuraba a llegar al lugar para iniciar las negociaciones. Decía que estaba más ocupado de lo que podría pensar.

Nos reuníamos cada noche y compartíamos historias. Era relajante y bueno para mí tener a alguien con quien hablar inglés. Entonces, una noche, un indio llegó corriendo por la esquina y se sintió aliviado al ver a mi amigo. Corrió hacia nuestra mesa y hablaron rápidamente. Mi amigo dijo que tenía que huir, y él y el indio se adentraron en la noche.

Un Viaje al Norte de Cuiabá, Adentrándose en la Selva

El Director Regional del Cuerpo de Paz me invitó a convivir unos días con un voluntario con mucha experiencia, Mike. Mike tenía entre veintidós y veintitrés años y se había casado con una joven y guapa chica de la zona. El voluntario estaba en su tercer año y hablaba portugués con fluidez. Sentía envidia de sus habilidades lingüísticas. Él trabajaba en agricultura, supervisando un vivero que producía árboles frutales injertados para regalar a los agricultores pioneros.

Mike me confesó que tenía miedo de volver a Estados Unidos. Llevaba tanto tiempo en Brasil que no estaba seguro de cómo se adaptaría a la cultura estadounidense. Estaba preocupado por cómo se adaptaría su mujer, que no hablaba inglés y estaba muy apegada a su familia. Ella siempre veía a su madre. Me dijo que pensaba ir a la universidad de su estado y especializarse en horticultura y luego volver a Mato Grosso a toda prisa para conseguir un trabajo haciendo lo que había estado haciendo.

Los deberes de Mike en el Cuerpo de Paz consistían en vigilar a muchos trabajadores, algunos de los cuales eran agrónomos, pero Mike nunca había ido a la universidad. Esto era lo que ocurría a menudo. Los voluntarios del Cuerpo de Paz a menudo tenían responsabilidades que iban mucho más allá de lo que podían obtener en Estados Unidos. En mi opinión, el Cuerpo de Paz tenía cuatro ventajas: la primera, ayudar a la gente; la segunda, aprender a hablar con fluidez un idioma extranjero; la tercera, aprender a vivir y comprender una cultura diferente a la propia; y la cuarta, asumir responsabilidades muy superiores a las que se tendrían durante una o dos décadas en Estados Unidos.

La joven esposa de Mike preparó una comida muy sabrosa: frijoles negros, arroz y un pequeño trozo de carne acompañado de un poco de queso del lugar. Era sencillo pero ideal. Tuvimos una agradable conversación, siempre en portugués, ya que Mike tenía dificultades con el inglés y su mujer no lo hablaba. Lo hablaba tan poco que pensaba y soñaba en portugués. Luego nos retiramos a nuestras habitaciones para dormir temprano porque al día siguiente teníamos que madrugar para viajar. Yo descansé en el sofá, aunque no podía dormir. Me levanté y miré por la ventana. Todo estaba oscuro. No había ni una sola luz. No podía distinguir ningún objeto fuera de la ventana. La oscuridad era absoluta.

A la mañana siguiente, temprano, bebimos un café fuerte y comimos pan francés. Entramos tranquilamente en el jeep y condujimos hasta una gasolinera que estaba abierta. Afuera aún estaba totalmente oscuro. Llenamos cinco bidones de gasolina, de cinco galones cada uno, y los colocamos en la parte de atrás. Era un Jeep antiguo con capota de lona, similar a los utilizados en la Segunda Guerra Mundial. Mike sacó una manta del Jeep, me la dio y me encargó que la empapara completamente de agua. Después de empaparla, se la entregué. Sin dar explicaciones, él la dobló varias veces y la envolvió firmemente alrededor de todos los bidones de gasolina de abajo arriba.

Y después nos adentramos en la oscuridad, al norte de Cuiabá. Mike vivía en Diamantino ("pequeño diamante"), que estaba a un par de horas al norte de Cuiabá, y desde allí nos dirigíamos de nuevo hacia el norte.

Manejó sin parar y, finalmente, amaneció. La carretera apenas era más ancha que el Jeep y estaba llena de baches y grandes charcos de agua de las lluvias de los últimos días. Su capacidad para mantener la velocidad en esas condiciones sólo era posible si conocía bien la ruta-y así era.

Poco tiempo antes estábamos rodeados de naturaleza salvaje, pero ahora casi había desaparecido. También se movía hacia el norte a medida que los pioneros continuaban limpiando la tierra. A ambos lados de la carretera, vimos enormes troncos y restos de árboles sin quemar entremezclados con maíz verde de uno o dos pies de altura que crecía entre los restos de los árboles. A medida que avanzábamos hacia el norte, el maíz era cada vez más pequeño y los restos de árboles cada vez más grandes. Después, ya no había maíz y los árboles habían sido talados pero aún no habían sido quemados. De algún modo, los agricultores habían perdido la oportunidad de quemar, y las lluvias habían llegado, arrastrando la tierra oscura y desprotegida en grandes volúmenes. Los barrancos de diversos tamaños crecían visiblemente cada día. Se me partía el corazón al ver cómo se desarrollaba la pesadilla de la conservación kilómetro tras kilómetro. Era un desastre.

Después, olí y vi humo, pero no vi ningún incendio. Conforme avanzábamos hacia el norte, el humo era más denso y su olor más fuerte. Los ojos me lloraban y Mike evitaba peligros ocultos en la carretera. Era evidente que conocía todos los puntos de la carretera. Entonces vi el fuego. Estaba a ambos lados de la carretera, quemando enormes árboles. Podía ver el fuego y oír cómo crepitaba.

Mike se detuvo a un lado de la carretera y tiró con cuidado de las esquinas de la manta húmeda para asegurarse de que todos los depósitos de gasolina de reserva quedaban cubiertos. Me pidió que vigilara que la manta no dejara al descubierto ninguna parte de ningún depósito. Entendí y vigilé de cerca los depósitos. Había chispas que volaban con la brisa y caían sobre el Jeep. Hacía calor y teníamos las ventanillas abiertas, al igual que la parte trasera del Jeep. Había chispas por todas partes. Ocasionalmente, una se me escapaba y caía sobre mis pantalones o mi manga, llamando mi atención sólo cuando sentía la sensación de quemazón en la pierna o el brazo. Esto era aterrador y doloroso, y nosotros estábamos manejando hacia el interior. Al cabo de unos kilómetros, los incendios cesaron y el humo se disipó. Habíamos atravesado el área de los incendios.

Al cabo de otra media hora, íbamos hacia el norte pero, de repente, el vehículo perdió potencia y se detuvo. Estábamos atrapados en medio de un enorme charco de agua creado por el bache que formaba la carretera. La carretera era un poco más ancha que el vehículo. Salimos del vehículo sin mojarnos los pies porque el suelo estaba al mismo nivel que las tablas del Jeep.

Yo no sabía nada de mecánica de vehículos. Pensé que estábamos perdidos. Le pregunté a qué distancia estábamos de una gasolinera o de un mecánico, o de cualquier sitio. "A unos cincuenta kilómetros", dijo Mike, pero no mostró ninguna preocupación. Yo estaba frenética.

Mike se subió al parachoques delantero y abrió el maletero, que ahora estaba apoyado en el parabrisas. Comprobó un par de cosas y me pidió que abriera el hueco para sacar un destornillador, cosa que hice inmediatamente. Mike era el voluntario del Cuerpo de Paz más serio que había conocido. No decía una palabra en vano. Vi cómo quitaba la tapa del contacto, buscaba una pieza y la separaba de las demás. Me dijo: "Este es el problema. Está roto".

Yo aún no estaba muy convencida de que el problema fuera tan sencillo. Le pregunté: "¿Cuánto tardaremos en volver a la civilización?".

Sacó un enorme cuchillo de alguna parte y empezó a tallar algo mientras preguntaba: "¿Por qué?".

Le dije: "Bueno, si está roto, ¿no tenemos que ir a comprar una pieza para repararlo?". Él dijo: "Caminemos por la carretera. Hay una casa y podemos ver si tienen alguna pila vieja de radio". Entonces respondió a mi pregunta. "No, no es necesario. Puedo fabricar la pieza que necesitamos".

Me callé y traté de seguir su ritmo porque él ya me llevaba unos metros de ventaja. A la izquierda vimos un enorme pastizal y, junto a él, una gran plantación de yuca. En una esquina de la plantación de yuca había un huerto casero y, junto a él, una vieja choza. Tenía techo de hierba, suelo de tierra y paredes hechas con pequeñas ramas de árbol. Como la mayoría de las casas rurales, no tenía puerta. La casa estaba bien ventilada. En el campo, varias personas, cada una con un sombrero, estaban inclinadas arando un cultivo. Eran de todos los tamaños, sexos y edades.

Mike decidió que íbamos a probarlos. Mientras nos acercábamos, me dijo que eran inmigrantes procedentes de Japón y que habían acumulado unos cuantos miles de acres de tierra, de los que iban desbrozando un poco cada año. Producían todo lo que necesitaban y sólo tenían una radio y pilas, porque no había electricidad en cuarenta millas a la redonda. También dijo que tenían dos mil cabezas de ganado, y que el valor de la tierra y los animales que poseían superaba con creces el millón de dólares; no obstante, desde los tres hasta los cien años trabajaban doce horas al día, calzaban sandalias caseras y vivían en una choza con suelo de tierra y paredes transparentes. Vivían en la pobreza a pesar de ser ricos. Este era el sueño que tenían todos los habitantes del sur cuando emigraron al norte. Era el sueño de todos.

Mike me guió hasta el señor de más edad, donde preguntó si la familia tenía alguna batería vieja. Los demás miembros de la familia no se detuvieron a mirar ni a escuchar. Continuaron con su tarea, que les obligaba a no perder de vista las plantas para evitar segarlas junto con la maleza que las rodeaba. Por desgracia, no tenían pilas. Mike agradeció amablemente al hombre, e inmediatamente volvimos a la carretera llena de baches.

Mike no disminuyó el paso. Me dijo: "Hay otra casa uno o dos kilómetros más adelante". Así que continuamos caminando siguiendo su veloz ritmo.

Poco después, una cabaña se vio a poca distancia de la carretera. Lo seguí hasta la casa. Las paredes eran de bambú, con grandes grietas que permitían que circulara el aire. Había una entrada, pero no una puerta. Estaba preocupado por cómo iba a tocar a la puerta. Se acercó a menos de tres metros de la entrada de la casa y se detuvo. Dio una palmada y gritó: "¡Oh de casa!".

Me enteré de que "Oh de casa" era una forma cortés de llamar a una puerta que no existía. No era buena idea llegar a una casa sin puerta y llamar a lo que hubiera. El dueño de la casa podría ofenderse de que miraras en su casa sin su permiso.

Después de un segundo, el dueño apareció en la puerta y sonrió. Bajó los dos escalones, ya que la casa estaba construida a medio metro del suelo, y nos estrechó la mano. Se dio cuenta de que yo me quedaba un paso por detrás de Mike. Me dijo que no me preocupara e hizo un gesto con la mano en dirección a los escalones de su casa. No sabía a qué se refería. Fue entonces cuando vi una pequeña jaula de bambú colocada junto a los escalones y, dentro de ella, una serpiente enorme que me miraba fijamente. Retrocedí rápidamente. En ese momento se echó a reír con ganas. Se estaba divirtiendo. Me dijo que la serpiente sólo medía entre tres y cuatro metros y que aún era una cría. La utilizaba para controlar las ratas. Me di cuenta de que tampoco tenía perros ni gatos como mascotas.

Mike cambió rápidamente la conversación al tema que importaba. El granjero tenía una batería vieja y estaba feliz de regalarla si la necesitábamos. Sonreía porque acababa de cambiar las pilas de su radio y aún no se había deshecho de las viejas. Había dos y Mike le preguntó si podía usar las dos.

Agradeció y nos marchamos. Ni el granjero ni Mike desperdiciaron su tiempo.

Volvimos a encontrar el Jeep tal y como lo habíamos dejado. Mike tomó la pieza vieja y la miró. Era un trozo de grafito. Me explicó que las baterías también tenían una barra de grafito en su interior. Sacó su supercuchillo, abrió la batería y extrajo el grafito, el cual comparó con la pieza averiada. Recortó y comparó, y volvió a recortar y a comparar. En unos minutos probó la nueva pieza. Encajaba. Reemplazó todas las piezas, cerró el capó y me pidió que entrara. Entré inmediatamente. Giró la llave. El motor se encendió y continuamos nuestro viaje.

Un poco más adelante, nos detuvimos a visitar a otro voluntario del Cuerpo de Paz. Este voluntario vivía cerca de una nueva ciudad que sólo tenía seis años pero ya contaba con 27.000 habitantes. Visitamos al voluntario en su patio y hablamos un poco. Este voluntario no parecía estar muy animado ni especialmente ocupado. Él y Mike me informaron de que esta región era una nueva frontera, y que nadie que viviera ahora en la región había estado aquí hace siete años. Todos habían venido de otra parte y por razones variadas, pero todos tenían una razón en común: les gustaba el hecho de que no existiera ley ni orden en la región. En los pueblos fronterizos no había ley, por lo que a cierta clase de ciudadanos les gustaba vivir allí. Todo el mundo iba armado con una pistola o un cuchillo y sabía cómo usar ambos, y probablemente los había usado.

Ambos voluntarios me recomendaron que evitara los juegos de cartas y beber en grupo, sobre todo con gente que no conociera bien, y que nunca investigara la historia de ningún ciudadano. A la gente no le gustaba que le preguntaran de dónde venía. Si lo hacía, podían sospechar que representaba la ley y el orden. Preferían la ciudad sin ley ni orden, ya que muchos de los ciudadanos, en algún momento, habían entrado en conflicto con ella. Había muerto o desaparecido gente porque un ciudadano local confundió a otro ciudadano con una persona que representaba a la ley.

Los tres subimos al jeep y entramos en esta nueva ciudad. Yo estaba intrigado. Todas las casas estaban construidas con tablones de caoba, la mayoría sin pintar. El suelo de cada casa estaba elevado metro y medio del suelo, y el espacio bajo el suelo estaba rodeado por una rejilla de madera estrecha. Los tablones de las paredes estaban siempre separados por media pulgada. Esto quizás ayudaba a ventilar las casas. Los tejados eran de teja.

La ciudad de 27.000 habitantes no tenía ni una sola calle pavimentada o empedrada. Todas las calles eran de tierra. A lo largo de los lados de las calles había vehículos aparcados en todos los sentidos, y unos cuantos caballos estaban atados a raíles colocados junto a las carreteras con ese fin. Mis compañeros eligieron un restaurante y entramos. El suelo también estaba construido con tablones de madera con espacios de media pulgada entre ellos. Nos sentamos a la mesa y una camarera vino a tomar nuestros pedidos. Los otros voluntarios conocían a varias personas y conversaban en la mesa. Me llamó la atención que los hombres con los que hablaban llevaban sombreros de vaquero y pistolas atadas a la cintura.

Cuando llegó la comida, comenzamos a comer rápidamente. En medio de la emoción, se me cayó el cuchillo por la rendija del suelo. Me arrodillé en el suelo y bajé la cabeza para ver si podía recuperar el cuchillo. Mike me gritó que no metiera nada entre las grietas. Miré hacia abajo y mis ojos se abrieron de par en par al ver claramente dos ojos que me miraban. Los chicos me ordenaron que volviera a mi silla y rápidamente llamaron a la camarera para que me cambiara el cuchillo.

Por la expresión de la cara de mis compañeros, vi que habían subestimado mi estupidez. Me explicaron que el pueblo colocaba serpientes anaconda debajo de las casas para controlar las plagas. El movimiento de las serpientes estaba limitado al espacio bajo la casa por las rejas que rodeaban el espacio entre la tierra y el suelo. Este sistema era práctico porque permitía a las ratas acceder a la zona de debajo de las casas. Las serpientes se conformaban con permanecer bajo sus respectivas casas porque les llegaba la comida y siempre estaban bien alimentadas.

Más o menos en ese momento, una camarera con algo de tiempo libre estaba barriendo el suelo. No necesitaba recogedor porque dirigía las cosas al espacio entre las tablas. A veces tiraba pequeños trozos de comida. Las serpientes sólo querían comida viva, pero los trozos de comida que se barrían entre las tablas atraían a las ratas, que las entretenían. Llevamos de vuelta al voluntario a su casa y allí seguimos charlando. Mike y él recordaron sus primeros años como voluntarios. Mike nos contó que había hecho un viaje con otro voluntario en una piragua por un enorme río cercano. Mientras Mike remaba, alejaba la canoa de las orillas. El nuevo voluntario le preguntó por qué lo hacía. Mike le contó que, recién llegado, había remado cerca de la orilla y por debajo de las ramas altas. Al pasar bajo una rama, una anaconda se había descolgado y le había mordido el muslo. Las mordeduras de las anacondas no eran venenosas, pero dolían y podían infectarse. Las serpientes hacían esto para asegurar a sus presas mientras descendían y se enroscaban alrededor de ellas. Como en la canoa había dos hombres y ambos tenían cuchillos, pudieron ahuyentar a la serpiente. Desde entonces, Mike siempre evitaba las orillas del río.

Otro día, el río estaba muy caluroso y húmedo, y al remar se había calentado el también nuevo voluntario. En un impulso, había preguntado: "Oye, ¿podemos parar un poco y nadar?".

Mike dijo que no.

El nuevo voluntario preguntó: "¿Pero por qué no? El río está limpio. No hay peligro. Sólo tengo que tener cuidado al zambullirme para evitar esos troncos que están en lo profundo del agua".

Mike respondió: "Eso no son troncos", y siguió remando.

Después de llevar al amigo de Mike a su casa, volvimos a Diamantino. Agradezco a Mike su amabilidad y tomé un autobús de regreso a Cuiabá. Fui a la oficina del Cuerpo de Paz para que me informaran sobre mi trabajo. Las cosas no iban bien. El trabajo había desaparecido. El director del Cuerpo de Paz estaba organizando mi traslado a Natal, Rio Grande do Norte: una ciudad situada en las playas del soleado nordeste de Brasil. Aún mejor, mi director dijo que en tres meses se trasladaría para convertirse en el director regional del Cuerpo de Paz en Recife, una ciudad a cuatro horas al sur de Natal. Me caía bien y sabía que podía confiar en él. Estaba entusiasmado.

Moving to Natal, Rio Grande do Norte

Tras treinta días en Cuiabá, mi trabajo se había desintegrado. Me habían informado de que tendría que aceptar el puesto en Natal, Rio Grande do Norte, o volver a casa. No quería volver a casa. Busqué Natal en el mapa. Estaba muy lejos, pero efectivamente estaba en la playa. Pensé que podría requerir algunos ajustes míos, ya que Natal tenía más de medio millón de habitantes, pero yo era una persona flexible.

Nuestra oficina regional del Cuerpo de Paz estaba en Recife, Pernambuco, una ciudad que cuenta con un millón de habitantes y también está situada en la playa. Volé a Recife desde Cuiabá y me asesoraron en la oficina del Cuerpo de Paz. Era una ciudad enorme, pero me gustó. Una vez resueltos todos los problemas burocráticos, me llevaron cinco horas hacia el norte por la costa y allí me presentaron a mi agencia supervisora. Iba a trabajar en el equivalente de nuestra oficina estatal de extensión agraria.

En ese momento no sabía lo que se suponía que tenía que hacer, pero ahora, cuarenta y cinco años después, lo comprendo perfectamente: No esperaban que hiciera nada. No esperaban nada de mí. No querían nada de mí. Esperaban que estuviera callado, que fuera invisible y que no fuera exigente, y que finalmente desapareciera. Tenían tantos problemas importantes que resolver que mi particularidad no era una de sus prioridades. Eran amables, me dieron un escritorio y una silla y no me pidieron nada. Pero a cambio, yo tenía un motivo para vivir dos años en Brasil, aprender el idioma y la cultura y, tal vez, crecer más. Mirando atrás, el trato fue maravilloso.

Tenía que encontrar un alojamiento temporal, así que alquilé una habitación en un hotel barato del centro de la ciudad hasta que pudiera encontrar un lugar permanente. Tuve que encontrar un lugar rápidamente, ya que las tarifas de las habitaciones de hotel estaban acabando con mis ingresos. El costo de la vida en Natal era mucho más bajo que en Cuiabá, pero recibíamos un salario más bajo. Como no conocía a nadie, caminé por el centro de la ciudad sin compañía.

Las calles estaban repletas de gente. Los habitantes iban y venían por la calle y, si me tropezaban, nunca me pedían perdón. Cuando tropezaba con ellos, se sorprendían cuando me disculpaba. Algunos incluso se paraban para ver quién les había hablado. Sabían que yo venía de muy lejos. Las amplias aceras estaban llenas de gente. Además, había gente de pie en la calle vendiendo perros calientes, caramelos, otros alimentos y billetes de lotería y pidiendo limosna. Cada persona parada provocaba un atasco, como un vehículo accidentado en una autopista interestatal. Entré en unos grandes almacenes. Las tiendas de allí eran diferentes de las nuestras. La entrada a la calle ocupaba todo el ancho de la tienda. Había escaparates por todas partes y poco espacio para caminar. La gente tropezaba constantemente, sin que nadie se ofendiera ni se diera cuenta. Tropezar con otras personas era tan normal como respirar. Los clientes tenían que ser un poco agresivos, o se iban a casa sin comprar. La mercancía se cae al suelo y se pisotea, pero nadie se da cuenta.

El clima era muy caluroso y yo sudaba muchísimo a los pocos pasos. Después de caminar varias calles, volví a la habitación del hotel a mediodía y me duché, pero no sirvió de nada. Volví a sudar en cuestión de minutos. No sólo hacía calor, sino que había humedad.

Tenía la ropa arrugada en las maletas y necesitaba encontrar a alguien que la lavara. La ropa siempre se lavaba a mano. Tenía que contar cada prenda en cada tanda de lavado para asegurarme de que todo volvía. Tardaba un par de días, pero siempre me devolvían la ropa limpia y perfectamente planchada.

Durante este periodo me alimentaba principalmente de galletas. Mi paga de subsistencia no era grande, y si hubiera comido en un restaurante, sobre todo las tres comidas, no me habría quedado dinero después de la primera semana del mes. Fui a los supermercados para estudiar su inventario y sus precios. Me di cuenta de lo sucios que estaban sus suelos en comparación con nuestros supermercados. Tenían muchas frutas y verduras frescas. Las uvas se caían al suelo y la gente las pisaba, dejando manchas y puntos húmedos. Nadie se preocupaba del desorden del suelo ni de que alguien pudiera caerse. Los clientes de Brasil no denunciaban a los comercios por nada. Los clientes conocían el estado de los suelos y tomaban medidas preventivas esquivándolos. Los suelos se limpiaban periódicamente, pero no con tanta frecuencia como en Estados Unidos.

Enseguida conocí a otros voluntarios del Cuerpo de Paz que estaban viviendo en la ciudad. Tres de ellos estaban terminando su período de servicio y se iban a marchar en un par de semanas. Vivían en casas contiguas en la playa. Las casas eran pequeñas, quizá de cuatrocientos pies cuadrados, y viejas, pero estaban a pocos pasos de la playa, por lo que cada voluntario podía pagarse su propia casa, siempre y cuando viviera de forma prudente. Yo hacía todo lo posible por adaptarme a todos los sacrificios que exigía ser un voluntario del Cuerpo de Paz. Si eso me posibilitaba vivir en mi propia casa en la playa, entonces haría el sacrificio. En mi primer día de trabajo, me llevaron y me presentaron al resto de la gente del edificio de oficinas, que antes era una casa de dos plantas. Las habitaciones eran pequeñas y en la mayoría apenas había espacio para dos mesas. En las más grandes cabían tres o cuatro mesas pequeñas. En la habitación que me tocó, las paredes estaban en blanco, a excepción de un calendario anticuado y mal colocado. El hombre con el que compartiría el lugar no estaba el primer día. Llegó el segundo día. Era un americano de Kearney, Nebraska, un granjero que había crecido utilizando palas para nivelar la tierra para el riego. Tenía unos sesenta y cinco años. Se había casado con una mujer del pueblo y habían adoptado a una niña. Luchó en la Segunda Guerra Mundial y fue prisionero de guerra durante varios años en Polonia. Mi educación fue similar a la suya. Yo también era un niño de granja que había sido criado usando raspadores para nivelar la tierra para el riego. Teníamos mucho en común.

Sin saber qué hacer con mi tiempo, intenté leer libros en portugués, pero me di cuenta de que mi capacidad lingüística aún era muy limitada. De todos modos, seguí adelante, ya que mi objetivo era aprender una palabra nueva cada día.

Había dos nuevos voluntarios intentando alquilar las casas de la playa a medida que los voluntarios más veteranos las iban desocupando. Rápidamente visité a la tercera voluntaria y tuve su permiso para alquilar su casa cuando se marchara.

Finalmente, llegó el día y me mudé a mi nueva casa. Estaba muy feliz. Tuve que comprar un colchón, el cual tiré al suelo. Compré un ventilador que tenía un mecanismo de aspiración para ayudarme a evitar los mosquitos y estar fresco por la noche. Compré todos los utensilios y aparatos de cocina de la casa al voluntario que salía. Fui al supermercado y compré pan, queso, jamón, huevos, arroz y frijoles, todo lo esencial para sobrevivir.

Empecé a disgustarme por la falta de trabajo en el servicio de extensión estatal. Era una larga caminata desde mi casa en la playa hasta el trabajo, unos tres kilómetros o más. Con el calor y la humedad, siempre estaba sudoroso y me sentía miserable. Lo bueno es que tuve muchas buenas charlas con Emil, mi vecino americano del trabajo. Los empleados brasileños no parecían ocupados ni preocupados por no estarlo. Pasaban la mayor parte del tiempo bebiendo café, leyendo el periódico y conversando. Llegaban tarde al trabajo y se iban temprano. A nadie le importaba.

Yo siempre me apresuraba a volver a casa en cuanto podía por la tarde, porque así podía pasar un rato en la playa. Disfrutaba jugando al frisbee solo. Cuando había una fuerte brisa marina, podía lanzar el frisbee y la brisa me lo devolvía. Para hacer más ejercicio, podía lanzarlo en ángulo y luego correr como loco para atraparlo. Era como lanzarme un pase en el fútbol.

Había poca gente en la playa a esas horas, pero siempre se reunía unos cuantos para verme jugar al frisbee. Era precioso: el sol se ocultaba, la gente se sentaba junta en la playa con la brisa agitando sus cabellos, y los bares encendían sus luces y preparaban las mesas para sus invitados nocturnos. Esa fue mi señal para volver a casa.

Mi casa se encontraba en un pequeño peñasco de la playa. El peñasco era lo bastante ancho para mantener una calle en el centro, de no más de doscientos o trescientos pies de largo, con casas a ambos lados. Mi amigo Dick tenía una casita en la calle. A un lado de la suya había otra casa, y al otro un pasillo que la gente utilizaba para llegar a la playa. Tenía sólo dos metros de ancho. Era el mismo pasillo que pasaba junto a mi casa y la separaba de la pared del bar cercano. Este bar se extendía desde la calle hasta la playa. Había una pequeña zona cubierta junto a la calle, pero la mayor parte del bar estaba fuera. Allí crecían cocoteros, rodeados de mesas al aire libre que siempre estaban ocupadas. El lugar tenía una hermosa vista de la playa y a la ciudad, aunque los clientes se sentaban bajo los cocoteros bajo su propia responsabilidad.

Al lado de la casa de Dick y siguiendo por el pasillo estaban la casa de Mike y luego la mía. Mi casa tenía dos dormitorios, lo suficientemente grandes para una cama pequeña y un tocador. También tenía una pequeña cocina y un salón. El salón era lo suficientemente amplio y largo como para tender un par de hamacas. Yo la utilicé para poner una pequeña mesa de picnic, una hamaca y un par de sillones. Detrás de la cocina había una zona abierta donde la criada lavaba la ropa. Allí había un tanque, de un metro por metro y medio de profundidad como mínimo, que yo utilizaba para bañarme por la noche bajo las estrellas. Tenía una cuia, la mitad de una calabaza, que usaba para echarme agua en el cuerpo. Por la noche hacía frío, pero en un día caluroso era refrescante.

Los sábados por la mañana, alrededor de las nueve o las diez, Dick, Mike y yo, junto con otros voluntarios que venían de otras zonas rurales, nos reuníamos en un bar al otro lado de la carretera que llegaba hasta la playa. Ya hacía calor y una cerveza bien fría era deliciosa.

El solar del bar era profundo y ascendía por una colina muy empinada. Sólo los treinta primeros metros desde la calle eran adecuados para un negocio. Después, la pendiente de la colina era demasiado pronunciada. A ambos lados del bar había terrenos vacíos llenos de maleza, pequeños y grandes. Los dueños del bar construyeron un muro de adobe de metro y medio de altura para rodear su propiedad. Cada vez que el camarero traía una cerveza, le quitaba la tapa y la lanzaba por encima del muro al terreno del vecino. Cada vez que lo hacía, asustaba a las ratas. Se dispersaban en todas direcciones. Nos encantaba ver cómo se separaban de la maleza mientras corrían por ella. Siempre pensábamos en lo grandes que debían de ser.

A las once, las playas empezaron a llenarse, y a la una ya estaban llenas de gente. A las tres sólo quedaban unas pocas personas. Era entonces cuando prefería ir a la playa. En una ocasión, estaba paseando por la playa, pensando en mis cosas, cuando un grupo de señoritas que estaban acostadas en la playa empezaron a silbarme y a llamarme para que me acercara a ellas. Me asustaron y salí corriendo. No estaba acostumbrado. Las brasileñas eran muy atrevidas y yo aún no me había acostumbrado.

Me enteré de que en toda la región nordeste de Brasil había más mujeres que hombres, muchísimas más. Esto se debía a las sequías periódicas que destruían la producción agrícola y ganadera y el empleo relacionado con ella. Esta falta de producción alimentaba otras industrias y provocaba más desempleo. Para encontrar empleo, los hombres en edad de trabajar se iban a São Paulo en busca de trabajo y nunca regresaban. Las mujeres no podían emigrar porque tenían que quedarse con sus familias. El resultado fue que en el nordeste había muchas más mujeres que hombres.

David

David era un fenómeno de la naturaleza. Todo el mundo en Rio Grande do Norte conocía a David o quería conocerlo. David era famoso y todo el mundo lo amaba. Cuando lo conocí durante mi formación en Belo Horizonte, se presentó como un hombre tranquilo y tímido. Vino a nuestra formación, hizo una presentación seria y concisa sobre horticultura y luego se fue. En Rio Grande do Norte, su imagen era diferente.

David procedía de una granja de Nueva York. Se graduó en horticultura en la Universidad de Cornell y fue uno de los primeros en incorporarse al Cuerpo de Paz después de su creación. Lo habían enviado a Rio Grande do Norte y, tras dos años de servicio, se había quedado en el país con unas pocas monedas en los bolsillos. Comenzó a trabajar para varias empresas relacionadas con la agricultura. En una de ellas, viajaba por el campo comprando maíz a los agricultores para que Purina lo utilizara en la fabricación de alimentos para animales. Se familiarizó con la geografía del estado y encontró el mejor lugar para cultivar. No tardó en descubrir la pequeña granja perfecta con un propietario ausente; primero la alquiló y después la compró. Estaba junto al río Açu y a tres horas en automóvil de Natal. Antes de que llegara David, nadie se había planteado que el agua del río pudiera utilizarse para regar.

David comenzó a producir hortalizas y, a medida que las producía, desarrolló diferentes paquetes tecnológicos para cada una de ellas.

Desarrolló distintos conjuntos tecnológicos para cada hortaliza. No podía pedir ayuda al servicio de extensión porque, y me avergüenza decirlo, no sabían cómo hacerlo. El asesoramiento técnico que daba el sistema de extensión era para estados situados lejos de Rio Grande do Norte, que tenían suelos y clima muy diferentes. David era innovador, optimista y autosuficiente. No intentaba ningún proyecto antes de saber que funcionaría. Realizaba pequeñas pruebas para encontrar el conjunto tecnológico óptimo para cada cultivo que quería producir antes de aplicarlo a su explotación a mayor escala.

Una vez dominados estos equipos tecnológicos, buscó los mejores mercados para obtener el precio más alto. Descubrió que las plataformas petrolíferas situadas frente a la costa de Natal eran perfectas. Exigían alimentos de alta calidad y pagarían por ellos. David podía producirlos. Consiguió los contratos y se puso a producir. Todo lo que necesitaba era comprar una vieja furgoneta VW para hacer el viaje de tres horas desde su granja hasta el punto de entrega. No fue fácil, ya que no tenía capital para poner en marcha su granja. Seguía trabajando en sus empleos durante el día y trabajaba en la granja por la noche y los fines de semana.

David vivía en un pequeño y viejo cobertizo de tres lados para máquinas, donde dormía en una hamaca colgada de dos postes. Se bañaba en el río y comía en los bares del pueblo. El pueblo estaba a 800 metros de su granja. Comía sobre todo arroz y frijoles, acompañados de cerveza helada. A David le encantaba la cerveza. Su uniforme de trabajo consistía en un par de pantalones cortos, una camisa fina, un par de sandalias y un sombrero flexible para protegerse del sol en el cuello y la cara. No necesitaba mucho. David era un hombre complejo, pero con necesidades sencillas.

Él mismo tomó los bueyes y los hizo correr de un lado a otro de los campos para hacer arados que sirvieran para la siembra. Se echaba el arnés al hombro y se agarraba a las asas sujetas al tronco largo y afilado que servía para hacer el surco. El paisaje recordaba a la Nebraska de mediados del siglo XIX.

Había días en que escuchaba que llamaban a mi puerta y me sorprendía al abrirla ver a David. Lo primero que pidió fue una cerveza helada. Nada sabía peor que una cerveza moderadamente fría. La cerveza brasileña siempre sabía bien si se servía helada. Mi refrigerador era demasiado viejo y estaba demasiado estropeado para mantener la cerveza realmente fría; sin embargo, tenía un bar al lado. Todo lo que tenía que hacer era abrir la puerta, dar dos pasos hasta situarme frente a la pared de más de dos metros que rodeaba el bar y gritar: "¡Oh, José, passe duas geladinhas por cima!". José me confirmaba con un gruñido y, al cabo de un minuto, aparecían dos cervezas en una bandeja sobre la pared. Tomé las cervezas, coloqué el dinero en la bandeja y sostuve la bandeja sobre la pared hasta que José la aseguró. David y yo empezamos a hablar.

David siempre estaba hablando de la granja, de sus cosechas, de su pequeña maquinaria o de cosas nuevas que pensaba hacer. Siempre quería producir para un nuevo mercado. Soñaba con enviar sus productos directamente a París, Francia. Me encantaba escucharlo. David no tenía noción del tiempo. Podía llegar en cualquier momento y quedarse horas. De hecho, a veces tenía que echarlo por la noche porque necesitaba dormir para ser productivo al día siguiente. David podía beber hasta las 3 de la mañana en Natal, hacer el viaje de tres horas hasta su granja, enganchar los bueyes y pasarse todo el día bajo el sol ardiente, haciendo zanjas. Yo envidiaba la energía que David tenía.

Un domingo, David llamó insistentemente a mi puerta. En cuanto llamó, supe quién era. Llamó agresivamente y con determinación. Cuando abrí la puerta, allí estaba David, con la diferencia de que llevaba unas viejas gafas de los años sesenta con gruesos aros de plástico negro. Estaban sujetas por un cordón atado al cuello y unido a la parte de la nariz de la montura de las gafas. Llevaba una camiseta, un pantalón corto de baño y estaba sonriendo tontamente. También vi que tenía algas colgando de la oreja y de las gafas. Entró en mi casa y me pidió una cerveza. Salí y llamé a José a gritos, y aparecieron dos cervezas frías encima de la pared.

David me contó que había estado de fiesta al otro lado del río con unos amigos, pero que habían querido dormir la siesta después de beber y comer. David quería acción, así que nadó hasta el otro lado del río, donde desembocaba en el océano. Dependiendo de en qué parte del ciclo estuviera la marea, esto podía ser muy peligroso debido a la resaca. A David no pareció importarle. David bebió unas cervezas y se esfumó tan rápido como había aparecido. Al parecer, tenía otros sitios a los que ir.

Portugués

Mi portugués mejoraba todos los meses. Los tres voluntarios hablábamos inglés entre nosotros, pero no todo el tiempo. Todos teníamos novias y teníamos que hablar portugués cuando ellas estaban presentes. La mejor manera de aprender otro idioma era encontrar una novia o un novio. Si te casabas o eras pareja de angloparlantes, tus posibilidades de mejorar tu portugués pasaban a ser prácticamente nulas. Para los chicos, la clave era encontrar una novia local, y entonces hablarías portugués enseguida. Cuando el corazón tiene algo que decir, ¡La boca debe encontrar la manera!

Judías Verdes, Yuca y Carne de Sol

Un sábado, decidimos buscar un restaurante famoso a nivel nacional y comer en él. La mayoría de los buenos libros de viajes lo consideraban una atracción "imprescindible". Su especialidad eran las judías verdes, la yuca y la carne de sol. El primer plato eran judías verdes. Estas se sacaban de la vaina cuando aún estaban blandas y se hervían con mantequilla. El segundo plato, la yuca, era un tubérculo que se utilizaba como las patatas en Estados Unidos. Tenía una raíz larga y fibrosa que se pelaba, se cortaba en trozos más pequeños y se hervía. En lugar de salsa, los brasileños la condimentaban con mantequilla. El último plato era el principal, como el pavo en Acción de Gracias, pero para que lo entiendan mejor, necesito darles algunos detalles.

En los ranchos de las zonas rurales de Brasil, rara vez había electricidad; por lo tanto, no había refrigeración. Si se descuartizaba un animal, la carne se echaba a perder rápidamente si no había alguna forma especial de prepararla. A lo largo de los siglos, la gente había aprendido a cortar la carne en rodajas gruesas y a remojarla en condimentos especiales, incluida la sal mezclada con leche. Una vez que la carne absorbía la sal y los condimentos, la arrojaban a los alambrados durante el día. El sol caliente hacía lo suyo con la carne e introducía la sal profundamente en su centro. No tengo ni idea de qué más le hacían a la carne, pero ya no se estropeaba sin refrigeración.

El restaurante estaba en medio de un barrio muy pobre situado cerca de la playa. Las calles solían estar construidas con adoquines, por lo que la falta de mantenimiento permitía que se formaran gigantescos baches. Era casi imposible llegar al restaurante en automóvil. No había señales que nos ayudaran a encontrarlo. Caminábamos una o dos manzanas y luego preguntábamos a algún residente cómo llegar. A veces, los lugareños ni siquiera sabían de qué estábamos hablando. El restaurante tenía más fama en todo Brasil que para la gente que vivía a una manzana de distancia.

Cuando encontramos el restaurante, no tenía carteles ni otras indicaciones de que fuera un restaurante. Lo encontramos porque sus puertas y ventanas estaban abiertas y olimos la comida. No era más que una de las casas de la comunidad, excepto que consistía en una gran habitación llena de mesas caseras de madera y, en lugar de sillas, pequeños taburetes. Además, ni siquiera estaban pintadas.

Tuvimos suerte de encontrar una mesa desocupada. Nos sentamos. No se podía pedir. Tenían un plato: judías verdes, yuca y carne de sol, acompañados de cerveza muy fría. Nunca había probado una combinación mejor de comida y bebida. La carne de sol salada requería un sorbo de cerveza fría, y un sorbo de cerveza fría requería un bocado de carne de sol. En mi vida he comido en muchos sitios, pero ninguno se comparaba con aquella comida de aquel día. Por eso se sabía que venía gente de todo Brasil para sentarse en aquellos taburetes y comer aquella comida. Me sentí bendecido por poder ir andando a un lugar así.

Preparación de Pizzas

Me encontré un viejo libro de recetas en un rincón de la casa, olvidado por el anterior padre de familia, y encontré una receta de pizza. Así que decidí probarla y fui al supermercado. Me costó cargar con los ingredientes, ya que incluían harina, un jamón pequeño, pasta de tomate y salsa, pero pude soportarlo. Cuando llegué a mi casa, necesitaba tomar una cerveza fría para empezar, así que hice la rutina de "una fría por la pared", y José me atendió.

Me costó hacer la masa, aunque seguí las instrucciones al pie de la letra. Esperé a que subiera la masa, mezclé los ingredientes de la salsa y corté el jamón en trozos pequeños. El jamón fue el ingrediente más costoso y por poco me deja sin dinero. Me dejó en situación de emergencia para el resto del mes. Cuando la masa estaba en su punto, la extendí en el molde, le eché la salsa por encima y al horno.

Mi primera pizza la hice en secreto. No quería tener invitados y no tener nada que ofrecerles si mi experimento fracasaba, pero no fracasó. Cuando saqué la pizza del horno, estaba preciosa y desprendía unos olores maravillosos. Corrí a ver si Dick y Mike estaban en casa. Quería compartir mi buena fortuna y una cerveza fría con ellos.

Alecrim En El Día de Mercado

Alecrim era un antiguo pueblo al que Natal había rodeado y absorbido. Tenía al menos trescientos años. Sus calles eran estrechas, construidas con adoquines irregulares que obligaban a mirar hacia abajo para no tropezar. Las aceras eran estrechas, a menudo insuficientemente anchas para que una persona pudiera caminar. Las casas también eran angostas y tenían muros laterales. La mayoría de las casas sólo eran más anchas de lo necesario para tender una hamaca, pero entraban hasta el fondo de la cuadra. Las calles estaban llenas de gente cualquier día de la semana, pero uno en concreto era el día de mercado en Alecrim. En las grandes ciudades, cada pueblecito tenía su propio día de mercado.

Cada mercado tenía sus propias especialidades, como telas o utensilios de cocina o especias, pero todos tenían lo básico. Me encantaba ir a Alecrim el día de mercado, sobre todo si me sentía solo o deprimido. Los colores de Alecrim eran asombrosos. Tanta gente caminaba por las calles, y cada una iba vestida con colores brillantes. Además de la gente, estaba la mercancía: ropa, telas, materiales plásticos, frutas, verduras y especias. Era como una fiesta de colores que levantaba el ánimo de cualquiera.

Cada comercio sacaba su mercancía fuera de su reducido espacio. Los productos se esparcían por la acera e incluso por la calle. También había un festival de música. Los trabajadores gritaban y agitaban los brazos para atraer la atención de los viandantes. El roce de las ruedas de los carros y el sonido metálico de las herraduras de los caballos contra los adoquines se oía entre los gritos de los vendedores ambulantes.

La gente que caminaba por las calles tropezaba constantemente con otras personas mientras intentaban encontrar lo que buscaban. Había que esquivar a otras personas que hacían lo mismo. Había numerosos cargadores que iban de un lado a otro con grandes cargas a la espalda. Otros cargadores llevaban mercancía a las tiendas para venderla ese mismo día. Era un caos. Yo solía comprar mangos, papayas, anacardos o piñas para llevarme a casa. Las frutas estaban todas blandas por la madurez y desprendían sus fragancias. No quería volver a casa, pero al final se me cansaban las piernas y los brazos, y tenía que encontrar un autobús.

Viajar en Autobús: Un Vistazo a la Vida de la Gente

Natal fue fundada el 25 de diciembre de 1599. Natal, en español, significa Navidad. Se construyó en la playa y junto a un río. Desde ese punto comenzó su crecimiento. Después de un corto trecho de tierras bajas, la geografía cambió, y la elevación aumentó. De hecho, la pequeña desembocadura en la que vivía formaba parte de las tierras bajas. Nada más cruzar la carretera de la costa, la elevación aumentaba bruscamente, quizá hasta cien pies en una distancia horizontal de quinientos pies.

La ciudad baja, la ciudad vieja, se llamaba Ribeira. Se construyó en la zona situada entre la ciudad alta, el río y el océano. Era incluso más antigua que Alecrim. Sus calles eran más estrechas, curvas e irregulares. Las casas eran más angostas y largas, y había más gente por todas partes. Cada vez que tomaba un autobús de mi casa a la ciudad alta, pasaba por este barrio.

Cuando tomaba un autobús por la noche, siempre me sentía como en el cine al mirar por la ventanilla. Esto se debía a que los padres estaban en casa jugando con sus hijos en las habitaciones principales de las casas mientras las madres estaban en la habitación de al lado, la cocina, preparando la cena. Siempre recuerdo una escena en particular. El padre estaba sentado en el sofá, de la mano de su hija, una niña de dos años como máximo. La niña bailaba, y el padre la animaba moviendo las manos al compás de la música y cantando. La madre los miraba y sonreía. Así fue como las brasileñas aprendieron a bailar tan bien: empezaron en cuanto pudieron ponerse de pie. Sus padres y madres las animaban y practicaban a diario.

La escena que recuerdo tan bien no pudo durar más de medio segundo porque el autobús avanzaba a gran velocidad. Pero la mayoría de las casas tenían las puertas abiertas y pude ver una fracción de segundo de la vida de cada familia. Era como ver una película en movimiento, en la que cada casa era un fotograma mientras yo pasaba a toda velocidad, echando un vistazo a sus vidas.

Viaje a Estados Unidos para Visitar Programas de Doctorado

Todavía me faltaban ocho meses de mi segundo período en el Cuerpo de Paz cuando decidí que quería estudiar un doctorado en economía agraria. Pensé que necesitaba visitar algunos programas antes de tomar una decisión. Solicité al Cuerpo de Paz un permiso especial para regresar a Estados Unidos, a mi costa, y visitar algunas universidades importantes. El Cuerpo me concedió el permiso.

Volé a Sacramento, California, para ver una universidad de allí. No sentí ninguna conexión después de visitar a un par de profesores. Volé a casa, a Nebraska, donde visité la Universidad de Nebraska-Lincoln. También visité las universidades de Missouri, Kentucky, Tennessee y Iowa. Todas eran excelentes universidades con programas admirables, pero sentí una conexión con la Universidad de Missouri. La universidad me ofreció una beca inmediatamente, que acepté agradecido.

No sabía entonces que iba a ser un camino difícil. Me habían aceptado en un programa de doctorado en economía agrícola. Sólo tenía conocimientos básicos de matemáticas y economía, ninguna experiencia en estadística y ninguna habilidad para escribir. A nivel de doctorado, era imprescindible poseer una excelente gramática inglesa. Yo no la tenía. Durante el doctorado, tuve que asistir a clases remediales de cálculo, microeconomía y macroeconomía, estadística y redacción. Si hubiera sabido lo que me esperaba, habría pedido una beca de máster en lugar del doctorado.

Me alegré de ver a mi familia durante esta visita. Papá se había jubilado y había invitado a mamá a aprender a bailar. Condujeron hasta Omaha, 160 kilómetros de ida y 160 de vuelta, para tomar clases de baile dos veces por semana. Querían hacerme un regalo, así que les pedí clases de samba. Tenía dificultades para aprender el baile haciéndolo en Brasil. Quería sorprender a mis citas aprendiendo el paso a paso de la samba. Mis padres me organizaron unas horas de clases individuales. Se lo agradecí. Confiaba en sorprender a mis citas bailando.

Aprendiendo a Bailar la Samba en Brasil

Al regresar, decidí poner en práctica mis nuevos conocimientos de samba. El primer sábado por la noche, tomé un autobús hasta la discoteca y esperé a que empezara la fiesta. La gente no empezó a entrar en la discoteca hasta alrededor de las once de la noche. Después de la una de la madrugada, el baile era estupendo. Me fijé en una rubia muy atractiva que entraba con dos acompañantes que deduje que eran su hermana y su hermano. Tras observarlos unos minutos, me convencí de que estaba en lo cierto. Me levanté y me acerqué a su mesa. Me armé de valor y la invité a bailar. Ella aceptó encantada. Tenía una sonrisa maravillosa que mostraba su alma, un alma feliz.

Descubrí enseguida que era una bailarina motivada. Me rodeó el cuello con los brazos. No sabía qué hacer, así que la agarré por la cintura. Ya estaba siguiendo el ritmo de la música y sus caderas se movían como una lavadora en pleno proceso de centrifugado, sólo que subía y bajaba, además de girar y girar. Yo no estaba bailando, sino más bien aguantando. Mientras me movía por la pista de baile, intenté relajarme y disfrutar, pero mi principal preocupación era no chocar contra otras personas o contra una pared. Movía las caderas de un modo que sólo podía imaginar porque estaba demasiado cerca para ver lo que hacía. Intenté mirar a mi alrededor para ver si alguien se reía, pero no. Aparentemente, a los demás todo lo que hacíamos les parecía natural. No tenía ninguna posibilidad de mostrarle mis movimientos.

Después de unos cuantos bailes, me invitó a su mesa. Como mi mesa estaba ocupada por otras personas, decidí aceptar. Le expliqué que no sabía bailar, pero que quería aprender. Estoy segura de que ella ya lo sabía, pero no le preocupó. Estaba feliz de tener la oportunidad de bailar y de que yo fuera capaz de aguantar o seguir. Me hizo algunas preguntas: ¿Quién era yo? ¿Qué hacía en Brasil? ¿Echaba de menos a mi familia? Y luego volvimos a la pista para bailar de nuevo.

Más tarde, quedamos en volver a vernos el sábado siguiente a las once de la noche. Y así fue como quedamos todos los sábados por la noche a las once. No había manera de que yo pudiera practicar la samba que había aprendido en mis clases particulares en Estados Unidos. Una vez, cuando lo intenté, mi compañero me preguntó qué estaba haciendo. Le dije que había aprendido a bailar la samba en Estados Unidos. Me dijo que dejara de hacerlo. Me aconsejó que sintiera la música y siguiera el ritmo. El problema era que yo no tenía ritmo. Al final, me agarré a su cintura e intenté no soltarla en la pista de baile. Era divertido bailar con ella y era agradable mirarla.

Un día que estábamos los cuatro (su hermana y su hermano siempre estaban presentes) sentados a la mesa, empezó a hacerme preguntas personales. ¿Tenía novia en Estados Unidos? ¿Me gustaban las brasileñas? Tras varias preguntas más, me di cuenta de que quería que nuestra relación pasara al siguiente nivel. Y yo no tenía pensado hacer eso. Luego me preguntó cuál era mi religión. Le dije que era macumbeiro (sacerdote vudú). Se quedó muy sorprendida. No se lo esperaba de un estadounidense. Sonrió de forma forzada. Confiaba mucho en la gente, así que nunca se le ocurrió preguntarme si decía la verdad. No podía imaginarse otra cosa. Luego, estúpidamente, añadí para darle un poco más de énfasis: "Y si haces más preguntas, te convertiré en rana". Sonreí, pensando que era gracioso. Ella no sonrió. Su entusiasmo disminuyó rápidamente y pronto nos separamos.

A la semana siguiente, llegué a la discoteca a las diez de la noche y pedí una mesita. Cuando se hicieron las once, comencé a buscar a mi pareja de baile, pero no aparecía. A medianoche, quería bailar. No podía levantarme y bailar sin perder mi mesa. También era costumbre que los hombres llevaran bolsos, o capangas, en los que guardaban su dinero, fotografías, llaves del automóvil, cigarrillos, pasaporte y otros documentos oficiales. Yo tenía una y dependía de ella. No podía bailar con ella, era demasiado grande. No podía dejarla sobre la mesa, o perdería la mesa y la capanga. Estaba en un callejón sin salida.

Empecé a mirar a mí alrededor para ver si conocía a alguien y podía sentarme en su mesa. De este modo, podría dejar mi capanga en su mesa para que la vieran, y podría encontrar a alguien con quien bailar. Me esforcé por observar el club en busca de alguien a quien pudiera reconocer. Allí, al otro lado de la sala, había un tipo que conocía. Estaba con dos chicas. Era un buen tipo, pero no me caía muy bien porque siempre estaba hablando de las mujeres como si fueran sus conquistas, y utilizaba un lenguaje grosero para hacerlo. Pensé que las dos chicas con las que estaba eran probablemente damas de compañía o al menos mujeres de poca moral, y yo sólo quería bailar.

Tomé mi capanga y me dirigí hacia su mesa. Para evitar encontrarme con las damas, saludé al tipo, le pedí permiso para colocar mi capanga en su mesa, saludé con la cabeza a las damas y continué caminando. Me fui a otro lado de la sala y me puse contra la pared, intentando ver a una dama adecuada con la que pudiera bailar. A pocos metros, vi a una chica guapa que también estaba contra la pared y no bailaba. Tras una breve espera, decidí que era seguro acercarme a ella. Tenía que asegurarme de que no estaba acompañada. Su pareja podría estar haciendo una pausa para ir al baño. Cuando los hombres brasileños iban al baño y al volver se encontraban a alguien coqueteando con su mujer, se ponían muy violentos. Siempre es mejor ser precavido que pelearse.

Me acerqué a la joven y le pregunté si estaba acompañada. No lo estaba. Le pregunté si quería bailar. Me dijo que no. Pensé: "¿Qué haces en una discoteca si no quieres bailar? Le pregunté por qué no quería bailar. Me contestó que no sabía bailar. Yo creía que todas las brasileñas sabían bailar. ¿Pero qué pasa? me pregunté. Le volví a preguntar. Me dijo que no podía bailar porque estaba trabajando. No lo entendí e insistí en que intentara bailar. Aceptó. Desgraciadamente, no sabía bailar. Fue entonces cuando empecé a entender a qué se refería cuando dijo que estaba "trabajando". Para los inocentes, como yo, era una dama de compañía que anunciaba sus encantos en un club nocturno lleno de hombres borrachos.

Avergonzado, volví a la mesa de mis amigos con el rabo entre las piernas. Les pedí permiso para sentarme con ellos. Se reían porque habían visto mi espectáculo mientras intentaba encontrar pareja de baile. La conversación fue difícil porque no había causado buena impresión a las dos jóvenes. De hecho, más tarde supe que me consideraban grosero, tosco y arrogante, pero estaban dispuestas a sonreírme y conversar un poco conmigo por respeto a la etiqueta social, que no les permitía decir lo que pensaban ni faltar al respeto de ninguna manera.

Me enteré de que las dos chicas eran hermanas. La más joven aún estudiaba en la Universidad de João Pessoa, situada en el estado vecino. Estudiaba psicología y estaba en casa de vacaciones. Lo único que pude averiguar es que se llamaban Katia y Vania, y que vivían cerca de la plaza de la ciudad, junto al auditorio, donde se celebraban conciertos. De hecho, la próxima semana se iba a celebrar allí un concierto de una estrella del pop conocida en todo Brasil. Las dos hermanas no tenían ningún interés en seguir hablando conmigo. Realmente había causado una mala primera impresión.

A lo largo de la semana siguiente, pensé en lo que debía hacer. Decidí aventurarme hasta su barrio e intentar localizar su casa. Caminé por la calle de noche, intentando permanecer en la sombra porque no quería que me vieran. Miré en las casas de puertas abiertas hasta que distinguí una de ellas. Quería ir a saludar, pero era muy tímido y volví a casa, enfadado conmigo mismo por ser tan débil.

Tuve una idea. Iba a preparar una buena salsa para pizza y la llevaría a su casa. Allí podríamos hacer la masa y todos disfrutaríamos de un buen trozo de pizza. Para mí era una tarea cara porque los ingredientes de la salsa eran costosos, sobre todo la carne de cerdo, pero lo haría. Al día siguiente, al salir del trabajo, fui al supermercado, compré los ingredientes y me los llevé a casa.

El sábado, pedí un taxi para que me ayudara a llevar la olla y todos los ingredientes a casa de Katia y Vania. Hice que el taxi pasara por delante de la casa. Su padre se mecía en una silla en el porche, como un centinela decidido a proteger a sus hijas, y yo necesitaba salir del taxi y recoger mis cosas antes de hacer frente al centinela.

Luchando con el peso en la enorme sartén, me acerqué al porche e intenté sonreír, aunque creo que no se me notó. Pregunté si Katia y Vania estaban en casa. El hombre gritó a su mujer para que saliera y se hiciera cargo de las molestias. Apareció una mujer bajita y alegre mientras se secaba las manos en un delantal. Intenté explicarle cómo había conocido a sus hijas y que había traído ingredientes para una pizza, que esperaba preparar con Katia y Vania. Sonrió y me indicó que entrara en la casa. Me llevó hasta la cocina y me pidió que me sentara. Me entregó el recipiente con los ingredientes de la pizza y lo dejó sobre la mesa.

La madre se llamaba Naide. Yo la llamaba doña Naide en señal de respeto. Nos caímos bien enseguida. Pregunté por Katia y Vania, y me informó de que, lamentablemente, estaban en el concierto de Rita Lee y volverían en una hora o así.

Le expliqué cómo hacía normalmente la pizza. Ella asintió y sacó una tabla de cortar y un cuchillo, los cuales me mostró. Empecé a cortar los pimientos, las cebollas, el ajo, la carne de cerdo y otros ingredientes. Ella estaba ocupada haciendo otra cosa y, de repente, se oyó el ruido de una sartén que había aparecido en el quemador de la cocina. Tomó los ingredientes de la salsa, los metió en la sartén y mezcló un poco antes de apagar el fuego.

Luego tomó la harina y, sin la ayuda de ningún libro de cocina, incluido el que yo había traído para que me sirviera de guía, doña Naide hizo la masa más bonita que jamás había visto. Ahora sólo faltaba que las chicas unieran la corteza y la salsa durante unos minutos en el horno.

Decir que Katia y Vania se sorprendieron al verme en su casa sería quedarse corto. Verme en la cocina y bien con doña Naide fue más impactante. Hablamos y comimos la pizza más deliciosa que jamás había probado. Doña Naide era una maestra de la cocina. Pude superar algunas barreras que mi comportamiento en el club nocturno había levantado. Mi interés se centraba en la hija menor, Katia. Hasta el momento, ella no mostraba ningún interés especial por mí, pero cuando le pregunté si podía volver a visitarla, doña Naide me contestó que viniera cuando quisiera. Me sentí un poco mejor. Me había ganado a la madre; ahora sólo tenía que preocuparme de Katia y de su padre, José. Por respeto, debo llamarle Seu (señor) José.

Seu José iba a ser un hueso duro de roer. Supe que era militar retirado. Era muy estricto en todo lo que hacía. Había servido durante la rebelión comunista de finales de los cincuenta y principios de los sesenta, y no le gustaba que nadie llevara barba. La vista le provocaba recuerdos de la revolución, especialmente en el caso de los extranjeros con barba, porque eran los que habían instigado la revolución. Por desgracia, yo tenía barba. Creo que Katia reveló esta información sobre su padre en una de nuestras conversaciones privadas porque aún deseaba que dejara de acosarla. Pero no podía decírmelo sólo porque le cayera bien a su madre. Tenía una poderosa aliada. No había vínculo más poderoso entre la madre de una hija y su pretendiente que el que se forma al preparar una pizza con ingredientes crudos.

Empecé a visitar a Katia dos y luego tres veces por semana. Dábamos paseos cortos por algunas manzanas de la ciudad. Ella vivía en el centro, así que siempre había mucho que ver. También nos quedábamos en su casa y charlábamos. Doña Naide me servía constantemente jugo de naranja o un batido de aguacate o jugo de anacardo. Me encantaban todos, pero el jugo de anacardo era el mejor. Katia tenía dos hermanas mayores. Vania era un par de años mayor que Katia, y Tania era un par de años mayor que Vania. Tania era periodista y trabajaba para el gobierno. Vania era profesora, pero trabajaba en desarrollo comunitario para el gobierno. Durante este tiempo, Seu José permaneció en la periferia, actuando como si fuera indiferente, pero no lo era. Oía, o le decían, todo lo que pasaba o se decía. Como cabeza de familia, mandaba. Por suerte para mí, doña Naide era su asesora de confianza.

Carnaval

El Carnaval se acercaba. En mi opinión, el Carnaval no es el equivalente del Mardi Gras. Después de vivir mi primer Carnaval, me di cuenta de que los brasileños eran unos profesionales de la fiesta. Los que celebraban el Mardi Gras de Nueva Orleans eran aficionados. El Carnaval duraba seis días (de viernes a miércoles) y era un verdadero descontrol. Todo el país hacía grandes reservas de cerveza para no quedarse sin ella durante el Carnaval, pero siempre se acababa al final. Los hombres casados podían ir de juerga con quien quisieran, al igual que las mujeres, aunque sólo un pequeño grupo lo aprovechaba. Podías vestirte como quisieras. Si llevabas una máscara, nadie sabría quién eras, y tu comportamiento tonto y odioso no podría asociarse a ti. Eras libre de ser estúpido durante seis días. Durante el Carnaval había muchos encuentros y pequeñas citas.

Los amigos formaban grupos para celebrar juntos el Carnaval. Estos grupos se llamaban bloques. Todos los miembros del bloque se vestían igual, con el fin de reconocer a los demás miembros del grupo. Cuando el Carnaval estaba en su punto más alto, la gente se emborrachaba, en algunos casos mucho. Era importante que cuando los miembros vieran caer a otro miembro, apoyaran a esa persona a su lado. No podían abandonar a un camarada caído. Si un miembro del bloque perdía el sentido de la orientación y empezaba a alejarse para seguir el ritmo de un tambor diferente, otro miembro del bloque debía agarrarlo por el cinturón y devolverlo al bloque.

Para mantenerse unidos, los miembros de un bloque solían atar una cuerda para formar un círculo lo suficientemente grande como para que todos los miembros se agarraran a la cuerda mientras bailaban al ritmo de la música. Si algún miembro se caía por el camino, sus compañeros debían darse cuenta y volver a atarlo a la cuerda. El bloque también impedía que los que no eran miembros se agarraran a la cuerda.

Había pequeños grupos de tamborileros que recorrían las calles tocando música de samba con un ritmo que atraía a la gente a bailar. Cada grupo musical atraía a sus propios seguidores mientras deambulaba por las calles. Cuando la gente se cansaba de esa música, se apartaba para beber y esperar a que pasara otro grupo.

Algunos camiones se habían convertido en grandes equipos de sonido móviles. Todos los altavoces estaban colocados en el primer piso. Podían tener dos metros o más de altura y estaban situados a ambos lados y en la parte trasera del camión. El sonido que producían podía oírse a varias manzanas de distancia, incluso a un kilómetro y medio. Encima de los altavoces había una plataforma, un segundo piso. Allí se encontraban los músicos y el control de los altavoces. También había luces muy brillantes en todas direcciones que parpadeaban para atraer a la gente y motivarla a seguir a los camiones mientras deambulaban lentamente por la ciudad.

Las multitudes que seguían a estos camiones estaban densamente pobladas. Todos bebían. La gente a veces se detenía un instante para beber una cerveza, o podía tomar un licor fuerte colocado en una cantimplora atada al cuello, y luego volvían a dar saltos y a gritar.

El problema de bailar en la calle era que cualquiera podía hacerlo. Había gente pobre de los barrios, y algunos se dedicaban a robar todo lo que podían. Los fiesteros simplemente tenían que estar atentos. Como la gente se pasaba horas saltando, minimizaban todo lo que llevaban encima. Normalmente, llevaban un poco de dinero en algún bolsillo seguro y su cantimplora para beber. Eso era todo.

Muchos "saltaban" el Carnaval sólo en las discotecas. La gente utilizaba el término "saltar" porque eso era sobre todo lo que era el baile de Carnaval: saltar de arriba para abajo durante seis días. No era para los débiles. Por eso nuestra ciudad de Natal hizo un calentamiento en septiembre, con un fin de semana largo. Todo el mundo bebía y bailaba para empezar a ponerse en forma para el Carnaval. Luego, en diciembre, había un período más largo en el que la gente empezaba a aumentar su resistencia, tanto para saltar como para beber. De nuevo, el Carnaval no era ni es para los débiles. Se requiere fuerza física y mental para disfrutar de un buen Carnaval.

Katia, Vania, varias personas más y yo formamos nuestro propio bloque. Compramos telas y lo decoramos para poder reconocernos fácilmente. Nuestro bloque descansaba por las tardes en casa de Katia. Doña Naide nos servía bebidas energéticas de mango, naranja, aguacate, anacardos, sandía, melón y muchas otras frutas. Sabía que cada día iba temprano al mercado para abastecerse de fruta fresca para nosotros. Ella disfrutaba tanto como nosotros de la experiencia. Eran momentos felices. El grupo reía, bromeaba y hablaba mientras tomábamos jugos de frutas. A primera hora de la tarde salimos a la calle y saltamos un poco para calentarnos para la prueba de la noche. Había gente por todas partes, y todos con caras felices, ni un solo amargado. Así era el Carnaval: tiempos felices.

Nos separamos desde el anochecer hasta cerca de las diez de la noche para tratar de dormir y comer algo. Rara vez pude hacer algo más que cerrar los ojos. No tenía apetito para nada que no fueran refrescos o jugos. Volvimos a reunirnos en casa de Katia a las 22:00, y de allí nos fuimos todos a la discoteca y empezamos a saltar, lo que continuó hasta que salió el sol. Ya exhaustos, cada uno se fue a su casa e intentó dormir la siesta hasta cerca del mediodía. Dormir la siesta no era tarea fácil porque el Carnaval no paraba nunca. La música sonaba constantemente y en todas partes, y la gente siempre estaba bailando, bebiendo y gritando. Descansar era sólo un sueño. El ritmo del Carnaval estaba en el aire y no se podía escapar.

Al amanecer del Miércoles de Ceniza, el grupo musical nos sacó a todos de la discoteca en la que estábamos de fiesta y nos condujo al amanecer. Nos dirigimos a nuestros vehículos y a la playa, donde todos nos sumergimos en las olas. Era una tradición que marcaba el final del Carnaval. Yo estaba deseando que terminara.

Un Club Nocturno en João Pessoa

A pesar de que el Carnaval terminó el miércoles por la mañana, Brasil no empezó a movilizarse sino hasta el lunes siguiente, y a duras penas. Katia había vuelto a su universidad en João Pessoa, la capital del estado de Paraíba, a unas dos horas al sur de Natal. Estaba perdido sin poder visitarla.

El viernes por la noche, después de Carnaval, tomé un autobús y viajé a João Pessoa para visitarla. Ella me encontró un lugar donde quedarme esa noche, y pasamos juntos el día siguiente. El sábado por la noche, ella y yo acompañamos a una amiga suya y al prometido de la amiga a una bonita discoteca, donde encontramos una mesita. Como éramos dos parejas, una podía mantener la mesa mientras la otra bailaba. La pista de baile estaba abarrotada, lo que tenía la ventaja de que se bailaba muy cerca. Fue una noche que no habría podido imaginar ni en mis mejores sueños. Fue perfecta, y Katia no parecía recordar nuestro torpe primer encuentro.

El Compromiso

Tras conocer a Katia apenas treinta días, le propuse matrimonio. Tardó varios días en decidirse, y luego tuvimos que decirles a sus padres que había aceptado. Su madre estaba muy contenta, pero Seu José no iba a ser fácil. Estaba nervioso y había ensayado mucho. Durante las pocas semanas que había conocido a Katia, él no había hecho ningún intento por disminuir la tensión que existía en nuestra relación. Se había mantenido a distancia y no participaba en ninguna de las alegrías que disfrutábamos.

Aquella noche, tomé otra mecedora que doña Naide tenía dentro de la puerta, la llevé al porche y la aparqué junto a la silla de Seu José. La coloqué en paralelo a su silla, pero a una distancia respetuosa. Sincronicé mi balanceo con su andar. Me dio las "buenas noches" y yo le respondí al saludo. Tras unos minutos de silencio, le pregunté sin más, pidiéndole permiso para casarme con Katia. Guardó silencio unos minutos y siguió mirando al frente, al igual que yo, aunque tenía el corazón en la garganta. Me preguntó si le había preguntado a Katia y, en caso afirmativo, qué me había dicho. Le dije que sí, que se lo había pedido y que ella había aceptado. Me preguntó si se lo había dicho a doña Naide. Le dije que sí y que ella estaba de acuerdo. Entonces, dijo, él también lo aprobaría. Me levanté, le estreché la mano, se lo agradecí de todo corazón, volví a darle la mano y entré corriendo a la casa. Seguro que pensó que Katia se casaba con un idiota. Las damas estaban sentadas lo bastante cerca del porche para haber oído, pero lo bastante lejos para ser discretas. Ya estaban sonriendo y abrazándose. ¡Qué día! Seu José seguía meciéndose y mirando al frente. Se estaba adaptando.

Estábamos a finales de febrero, en mayo me iría a los Estados Unidos a estudiar un posgrado. Teníamos que casarnos antes. Sus padres necesitaban tiempo para preparar la boda: conseguir una fecha en una iglesia, alquilar un salón de fiestas y ahorrar dinero para pagarlo todo. Después de mucho trabajo y de pedir favores, se decidió que sería el 8 de mayo de 1976.

Para cuadrar las cosas con la iglesia, el cura tuvo que reunir datos sobre nosotros. Para Katia fue fácil, pero para mí no tanto. La primera pregunta fue difícil: ¿cuál era mi dirección? No lo sabía. No recibía correo en mi casa. Así que volví a casa y encontré a alguien caminando por el afloramiento en el que se encontraba mi casa. Le pregunté cómo se llamaba. La persona dijo Bat's Point. Ok, ya es un comienzo, pensé. Me dirigí al pasillo de dos metros de ancho que conducía desde el centro del afloramiento hasta el mar. Pregunté a alguien qué era eso, y me dijeron: "Corredor de los Pervertidos Sexuales". Bien, pensé de nuevo. Mi casa era la tercera del corredor. Volví con el padre y le dije que ya conocía mi dirección. Se animó, sonrió y miró a su secretaria, que se preparaba para escribir a máquina mi respuesta. Anuncié que vivía en "Bat's Point, Corredor de los Pervertidos Sexuales", y que yo era el pervertido número tres. La secretaria trató de no reírse y miró al padre en busca de orientación. Éste esbozó una santa sonrisa y dijo que ya lo completaría más tarde.

Tenía un buen amigo en la CEPA (Comisión Estatal de Planificación Agraria), donde yo trabajaba ahora. Era un joven economista, casado y con un hijo. Aceptó ser mi padrino. Nos invitó a Katia y a mí a su casa para que pudiera llamar a mi familia y decirles que me había comprometido. Ese sería su regalo para nosotros, ya que esas llamadas eran muy caras. Recuerdo que Katia y yo nos sentamos en un largo sofá, con Eduardo y su mujer sentados en sillas a mi derecha. Nos habían servido café y habíamos terminado de hablar con nuestros amigos cuando Eduardo me dio el teléfono y me dijo que marcara. Lo marqué.

Tras una breve espera, contestó mamá. Estaba sorprendida porque nunca habíamos hablado por teléfono mientras yo estaba en Brasil, aunque había estado en casa solo seis semanas antes. Le dije que me había comprometido. Se quedó boquiabierta. Llevaba seis semanas sin tener novia. De repente, me sentí extraño y miré a mi izquierda, donde solía estar Katia, y ella estaba en el extremo opuesto del sofá, mirándome como si yo fuera de Marte. Al parecer, era la primera vez que me oía hablar en inglés, y era como si yo fuera otra persona, a la que no conocía.

No tenía traje. Katia y Vania me llevaron a una tienda que vendía trajes, especialmente los que se necesitaban para los matrimonios. Allí me presentaron a un par de empleados y me dejaron para que ellas pudieran hacer algunas compras. Primero, los empleados me ofrecieron una batida, una bebida fuerte de zumo de fruta mezclado con una bebida alcohólica nativa hecha de caña de azúcar. ¿Quién era yo para ser descortés? Acepté. El aguardiente se completaba con limones, anacardos y mango. Los empleados me ofrecieron una batida de cacahuete. Estaba muy fría, con pequeños trozos de hielo. Estaba deliciosa. Los empleados me trajeron muchos trajes para que los viera. Odiaba probarme ropa, pero mientras siguieran sirviéndome batidas, las miraría. Katia y Vania volvieron una hora más tarde. Se sorprendieron de que me costara ponerme de pie, pero yo estaba muy feliz. Me preguntaron si había encontrado un traje. Lo había encontrado. Pidieron verlo. No estaban muy contentas. Al parecer, Katia no me había imaginado con un traje a cuadros azules, negros y blancos. Tuve que empezar de nuevo, y esta vez Katia y su hermana se quedaron para echar un vistazo.

El Viaje en Yate

Natal tenía un club náutico ubicado donde el océano se encontraba con el río. Además, el club estaba situado en el río. Cuando los yates llegaban al río, sólo tenían que subir un poco y atracar. Era un pequeño club porque no había muchos yates, pero un día un enorme yate de dos mástiles subió por el río y atracó. No recuerdo bien su tamaño, pero medía unos doce por sesenta pies. Su dueño, un canadiense de treinta años con el pelo recogido en una larga coleta, nunca sonreía.

Con el tiempo, los voluntarios conocimos a todos los que llegaban a puerto. Primero, siempre bajábamos por la playa en dirección al club náutico, y segundo, los capitanes de yate y sus tripulaciones siempre buscaban una playa bonita situada cerca de su yate: ésa era nuestra playa. Era inevitable que nos encontráramos.

No tardamos mucho en conocernos el capitán del yate y nosotros, que acabamos en un bar intercambiando historias. El capitán canadiense llevaba ya un par de años viajando por el mundo de puerto en puerto. Acababa de llegar de Sudáfrica. Iba a Fortaleza, luego a la costa brasileña y finalmente al mar Caribe. Después, no tenía ni idea.

Comentó que le faltaba un hombre en su viaje de Natal a Fortaleza y preguntó si alguno de nosotros estaba interesado. Yo sí, pero tenía que pedir permiso a mi agencia supervisora. A mis supervisores les pareció bien, ya que de todas formas no querían preocuparse por mí. Iba a Fortaleza en yate.

Salimos del puerto a última hora de la tarde, con nubes oscuras que cubrían el horizonte sobre el agua. Navegábamos hacia la lluvia. El capitán hizo la primera guardia al timón. Era su trabajo llevarnos mar adentro y fijar el rumbo hacia nuestro destino. Otro miembro de la tripulación estaba preparando la cena. Yo tenía hambre. Otro miembro de la tripulación revisaba las cosas en cubierta.

Me dijeron que todos tenían que hacer turnos al timón y para cocinar. Los turnos duraban cuatro horas. Había ocho literas abajo donde podíamos retirarnos a esperar nuestro turno, pero al principio estuve poco tiempo allí. El movimiento del yate me producía náuseas e inquietud. Pasé la mayor parte del tiempo en cubierta, donde disfrutaba de la brisa marina.

En algún momento de la noche, me llamaron para que tomara el timón. Para orientarme, el capitán me indicó que atara a una cuerda un hilo grueso de quince centímetros de largo. La brisa marina lo mantenía en posición horizontal en el lado izquierdo de la cuerda. El capitán me dijo que lo mantuviera flotando a la izquierda. Añadió con insistencia: "No dejes que se caiga nunca", y bajó a cubierta.

No me sentía muy seguro, pero hice lo que me dijo durante cuatro horas. Prácticamente había luna llena, y era agradable observarla y su reflejo en el agua. Me encantaba oír cómo chocaba el yate contra las olas mientras se dirigía hacia el norte, hacia Fortaleza. Estaba en el cielo, aunque no podía estar seguro de no estar a punto de mandarnos a todos a un montón de rocas en la costa. Cuando llegó mi turno de cocinar, las instrucciones fueron igual de breves. El capitán me mostró los fogones, las sartenes y el almacén de alimentos y condimentos. Como no tenía experiencia en la cocina, me decidí por huevos revueltos y arroz. La cocina tenía una protección de alambre a unos dos centímetros de la superficie. Me enteré de que era para evitar que las sartenes se deslizaran por el suelo, ya que la placa de cocción se movía hacia arriba, hacia abajo y hacia los lados con el movimiento del yate. Utilicé una cacerola más grande de lo normal para el arroz, así que no tuve que llenarla más de la mitad, lo que permitió que el agua dentro de la cacerola se moviera con el movimiento del yate sin desbordarse.

En cuanto a los huevos, pensé que si calentaba completamente la sartén antes de echar los huevos batidos, se pegarían a la sartén antes de que pudieran rodar por el suelo. Temía que la tripulación se quejara porque yo no era muy buen cocinero, pero no lo hicieron. Comieron rápida y tranquilamente e incluso me felicitaron. Estaban contentos de no haber tenido que cocinar.

Al cabo de un par de días, llegamos al puerto de Fortaleza. Saludé a todo el mundo, tomé un taxi hasta la estación de autobuses y esperé a que saliera un autobús para el viaje de ocho horas a Natal. Me quedé sentado mientras esperaba porque, cada vez que me ponía de pie, el suelo se movía de forma ondulada, lo que me dificultaba mantenerme en pie sin sacar las manos para estabilizarme contra paredes invisibles. La gente me miraba fijamente, así que me senté.

El viaje de vuelta a Natal no fue tan agradable como el de subida. Hizo mucho calor y fue lento. Sólo quería estar de vuelta en mi casita, donde podía salir al patio trasero y usar la *cuia* para darme un baño maravilloso con el tanque de agua y luego dormir.

El Matrimonio

El día llegó. Me desperté a media mañana para ducharme. Me puse el traje, pero en lugar de ponerme mis zapatos buenos, me puse un par de tenis viejos y sucios. Mi padrino vino a recogerme y me llevó a casa de Katia, donde pensaba jugarle una broma pesada. Su casa era larga y estrecha. A un lado estaba la sala de estar, la cocina y una zona para lavar la ropa y secarla en un tendedero. Al otro lado, sin pasillo, estaban los dormitorios. Los dormitorios estaban todos conectados, lo que les restaba intimidad, pero era la forma en que estaban construidas las casas.

La casa estaba llena de gente y movimiento. Al parecer, la novia necesitaba un gran sistema de apoyo. Todo lo que tuve que hacer fue salir del auto de mi padrino, e inmediatamente escuché el gemido ahogado cuando una chica notó mis zapatos. Su jadeo se fue extendiendo a la siguiente chica y a la siguiente hasta que el sonido se adentró en la casa. Luego los jadeos volvieron a través de las habitaciones hasta que llegaron a la habitación de al lado de la calle, donde oí a Katia gritar: "¡Lyyyynnnnn, quítate esos zapatos ahora mismo! ¿Dónde están tus zapatos de vestir?". Le respondí que no me cabían y que lo único que tenía eran mis zapatillas de tenis. A Katia le empezó a dar un ataque cuando oí a doña Naide decir: "¿Y ahora qué es lo importante? ¿Los zapatos que lleva o el hecho de casarse? Puede casarse descalzo. A nadie le importa". Adoraba a doña Naide. Era mi persona favorita en el mundo.

Mi trabajo estaba hecho. Volví al auto y cambié mis tenis por mis zapatos de vestir, y fuimos a la iglesia a esperar a la novia.

Una vez en la iglesia, me ubiqué cerca del altar. La gente iba llegando y sentándose. Enseguida, doña Naide se puso a mi lado. Apareció el padre y me recordó que la novia tenía que llegar puntual porque había otra boda después de la nuestra. No podía haber retrasos. Sonreí y me encogí de hombros.

Cuando se acercaba la hora, mi padrino y yo estábamos en posición, al igual que las damas de honor. El padre miró de nuevo su reloj. Doña Naide se dio cuenta y le dijo que Katia llegaría inmediatamente. El padre dijo que sólo podía esperar veinte minutos antes de tener que cancelar la boda. Le dije al padre que era más que generoso; yo sólo podía esperar diez minutos. Entonces cruzaría la calle y me tomaría una cerveza fría en un bonito bar al aire libre situado bajo enormes árboles de sombra. El padre se encogió de hombros y anunció que me acompañaría. Doña Naide nos rogó que tuviéramos paciencia. Me sentí culpable por molestar a doña Naide. No se lo merecía, pero era tan fácil.

Katia llegó diez minutos tarde. La boda transcurrió sin contratiempos hasta que me dijeron que podía besar a la novia. El fotógrafo estaba allí, listo para captar ese momento tan importante. Nos inclinamos para el beso, pero en el último momento me aparté y extendí la mano derecha. Al ver mi mano, Katia la agarró instintivamente y nos dimos la mano. Katia estaba un poco confusa. El fotógrafo hizo su foto y gastó el flash. Entonces nos besamos, y el fotógrafo maldijo en voz alta porque no había podido cambiar la bombilla del flash lo bastante rápido para hacer la foto. No tenía ninguna foto del beso. Pero ese momento de desenfado sirvió para romper toda la tensión que había rodeado a la boda. La gente empezó a hablar y a reír, y comenzó la diversión.

Regreso a EE.UU. - Por Primera Vez

El sábado nos casamos, y el lunes Katia envió su solicitud para tramitar un nuevo pasaporte con su nuevo nombre. El proceso tardaría un par de semanas en completarse. Mientras tanto, yo seguía haciendo compras de zapatos, vestidos y otros atuendos. Ella estaba nerviosa por ir a un país extraño sin hablar inglés. Yo sabía que estaba preocupada, aunque no dijo nada. Dejábamos atrás a su familia por un tiempo indeterminado, íbamos a un lugar que ella no podía imaginar, a vivir una vida con la que sólo se identificaba a través de las películas americanas que había visto.

Cuando llegó el día, nos despedimos de su familia. Estaba llena de emoción. Estaba emocionada por empezar una nueva vida en Estados Unidos, pero para Katia y su familia era un momento lleno de dudas y de la certeza de que no se verían en mucho tiempo. Sus padres tuvieron que depositar su fe en mí y confiar en que cuidaría de su preciosa hija. La confianza de doña Naide y Seu José en mí fue enorme. Me sentí agradecido y me prometí a mí mismo que no les fallaría.

Entramos en el avión y tomamos asiento; la puerta se cerró con llave. Katia me agarró y me apretó la mano fuerte, muy fuerte. De repente, el piloto aceleró y volvimos a nuestros asientos. En el vuelo de Río a Miami, todos los mensajes se daban en inglés y portugués, y la mitad de las conversaciones de los pasajeros eran en portugués. Katia aún no había sentido todo el impacto del mundo inglés que se le venía encima. Tras aterrizar en Miami, nos llevaron a una pequeña habitación, ya que Katia no era ciudadana. En cuarenta y cinco minutos tenía los papeles que legalizaban su estancia en Estados Unidos y la tarjeta verde. Hoy, ese proceso llevaría más tiempo.

En los vuelos de Miami a Grand Island, ni la tripulación ni los pasajeros hablaban portugués, y Katia empezó a darse cuenta de lo difícil que iba a ser la diferencia de idioma. En pocas horas aterrizamos en Grand Island. Mamá y papá nos recibieron. Podía ver que estaban emocionados por conocer a Katia, y sabía que Katia estaba nerviosa por conocerlos. En ese momento comprendió plenamente que ya no estaba en Brasil.

Cuando llegamos a casa de mis padres, teníamos preparada una comida fría con todo lo necesario. Katia y yo estábamos demasiado emocionados y nerviosos para comer. Nos instalamos en nuestra habitación y guardamos la ropa. Estaríamos allí unos días antes de ir a Columbia, Missouri, a comprar una casa. Una vez en Columbia, utilizamos a la mujer de un profesor como agente inmobiliario. Su marido era quien me había ayudado a conseguir mi puesto de ayudante. Enseguida encontramos una bonita casa a poca distancia de la facultad. En la primera planta, la casa tenía dos dormitorios y una habitación para mi estudio. En el sótano había un piso de un dormitorio con cocina. De inmediato alquilamos el apartamento y con los ingresos casi cubrimos el pago de la casa.

Estuvimos varios días contratando los servicios y comprando muebles. A Katia le encantó la casa. Comprar muebles no era lo que más me gustaba, pero a Katia le encantaba. Al cabo de unos días habíamos seleccionado los muebles y nos los enviaron a casa. Ya no dormíamos en el suelo ni comíamos en restaurantes.

El verano terminó pronto y empezaron los cursos de otoño. Tuve que trabajar mucho. Estaba matriculado en un programa de doctorado en economía agraria, y los candidatos debían haber estudiado un curso completo de cálculo y tener conocimientos de microeconomía y macroeconomía, así como de estadística, incluyendo regresión lineal. Yo no sabía nada de eso. Mi primer año y medio lo iba a pasar haciendo cursos que ya debería haber hecho antes de empezar el programa. Me habían admitido en el programa por mis experiencias en Centroamérica, pero aun así tenía que competir con otros candidatos al doctorado que tenían másteres en economía o economía agrícola, y tenía que cumplir las expectativas de nuestro Departamento de Economía Agrícola. Gracias a mis experiencias en El Salvador, de mi primera experiencia en los Cuerpos de Paz, entré en el programa, pero no me mantendrían allí. Tenía que cumplir las expectativas del departamento en cada etapa del programa.

Era un departamento de gran calidad. Entre su personal había un par de profesores que habían sido asesores de nuestros presidentes. Uno era el presidente de la organización nacional de profesionales de la economía agraria, y muchos habían escrito libros muy utilizados en todo el país. Otros profesores eran citados con frecuencia en el Wall Street Journal. Este departamento tenía un alto nivel y era muy respetado por los profesionales de todo Estados Unidos.

Cada curso avanzaba con rapidez y yo tenía que estudiar constantemente. Mi vida, desde las siete de la mañana hasta medianoche, consistía en hacer un curso o estudiar para uno. De noche, Katia tenía sueño a las 8 de la tarde y quería irse a dormir. Nunca había dormido sola, así que dormía en el suelo junto a mi escritorio. Yo siempre iba a buscarle una almohada y una manta y la ponía lo más cómoda que podía. A medianoche, la llevaba a la cama y la arropaba. Yo me despertaba poco después de las 6 de la mañana y estaba en la universidad a las 7, estudiando de nuevo. El sábado trabajé de 7.00 a 14.00 antes de volver a casa con Katia.

La vida de Katia era sencilla pero difícil. Ella no tenía manera de aprender inglés porque yo nunca estaba con ella, y no podía conducir sin una licencia o permiso de conducir. No podía obtenerlo hasta que supiera suficiente inglés para hacer el examen. No me gustaba tener que acompañarla al supermercado, pero no sabía conducir ni leer las etiquetas y, además, tardaba mucho en hacer su selección. Tenía muchos propósitos y pensaba que deberíamos ser capaces de realizar las compras más rápidamente. Como mi vida de estudiante de posgrado era muy exigente e implicaba horarios inflexibles, me sentía más tenso que un tambor. A Katia le costaba entenderlo y la convivencia conmigo se hacía difícil.

No era sano que Katia pasara tanto tiempo sola, pero si quería tener éxito en mis estudios, tenía que concentrarme y hacer ese sacrificio. Me encantaba aprender. Me encantaban el cálculo y la estadística. Soportaba la economía. Los profesores iban deprisa y los estudiantes tenían que seguirles el ritmo. Si teníamos dificultades, nadie disminuía el ritmo. Teníamos que pedir ayuda al profesor o estudiar lo suficiente para aprender el material.

El curso que más me gustó fue el de regresión lineal. Durante el resto de mi vida seguiría siendo mi área de estudio favorita. Era tan mágico cómo podíamos tomar datos y descomponerlos en una serie de conclusiones. Para mí, el mejor regalo que me podían hacer era un nuevo conjunto de datos para analizar.

Aprendí que si un estudiante de maestría tenía dificultades, los profesores eran comprensivos e intentaban ayudarlo a superarlas. Si un doctorando tenía dificultades, tenía que encontrar la manera de superarlas. El departamento no ofrecía ayudas a los doctorandos. Era hundirse o nadar. Se esperaba que los doctorandos fueran capaces de resolver problemas. Esa sería la esencia de sus futuros trabajos: resolver problemas.

Después de tres años y medio, completé todos los cursos y tuve que presentarme a los exámenes finales. Había tres exámenes escritos y uno oral: el primer examen escrito trataba de macroeconomía y microeconomía; el segundo, del área de mi especialidad, la economía de la producción; el tercero, de temas generales; y en el último examen, el oral, un grupo de cuatro profesores hacía preguntas. Cada examen duraba cuatro horas. Teníamos derecho a suspender y repetir un examen; de lo contrario, nos expulsaban del programa y nos deseaban buena suerte. Eran los exámenes que habíamos temido desde el principio. Eran los exámenes que nos habían llevado a estudiar esas horas locas. Al final, teníamos que aprobarlos para pasar a la siguiente fase: la tesis.

Yo tuve suerte de aprobar todos los exámenes a la primera. Más de un estudiante no aprobó un examen y tuvo que presentarse al examen de recuperación. Tuve un amigo que no aprobó el examen por segunda vez y fue expulsado del programa sin más. Eso dejó claro a los demás candidatos que los profesores iban en serio.

Una vez aprobados los exámenes, me autorizaron a empezar la tesis. Mi asesor me dijo que buscara un tema para el que pudiera obtener una beca que financiara mi investigación. Todos los días buscaba un tema, pero no encontraba ninguno. Me sentía muy frustrado. No tenía experiencia en hacer un proyecto de investigación ni en encontrar financiación para un proyecto de investigación. Estaba deseando haber hecho un máster con tesina en lugar de aceptar el programa de doctorado, con expectativas muy altas. Me sentía perdido. Pedí ayuda a mi asesor. Intentó ayudarme, pero yo necesitaba más ayuda de la que él podía darme.

Finalmente, Katia me dijo que estaba embarazada. ¡Sorpresa! Yo no sabía que íbamos por ese camino. Fue culpa mía. Ella estaba cansada de estar sola. Me dijo que quería dar a luz en Natal (Brasil), donde su familia pudiera ayudarla. Me enteré de que, en aquella época, las mujeres embarazadas de más de seis meses no podían viajar en avión. Además, no podían viajar con bebés menores de tres meses. Eso significaba que si iba a Brasil a tener el niño, estaría fuera al menos seis meses. No podía aceptarlo.

No estaba dispuesto a separarme de Katia tanto tiempo. Extrañaba Brasil y no tenía orientación en mi programa, además de estar agotado después de tres años y medio de estudiar sin parar. Avisé al departamento de que ya no necesitaría su ayuda y dejé el programa. Me entristecía no tener un doctorado, pero estaba muy emocionado por nuestra próxima aventura. Por encima de todo, me encantaba vivir una buena aventura.

Vendimos nuestra casa, empaquetamos nuestras cosas, alquilamos un camión y volvimos a Clarks, Nebraska. Llegamos el sábado a medianoche y pasamos el domingo con la familia. Descubrimos que el médico había encontrado algo en el pecho de papá y lo enviaba a Omaha para que le hicieran más pruebas el lunes. Mamá acompañó a papá a su cita médica mientras nosotros descargábamos el camión y regresábamos.

Nos quedamos tristes porque papá tenía que quedarse en el hospital. El médico le había encontrado un tumor maligno en el pecho y había programado una operación lo antes posible. Mientras tanto, Katia y yo ya habíamos enviado toneladas de cosas a Brasil y habíamos comprado nuestros billetes de avión. Si no continuábamos con nuestros planes de viaje, todas nuestras cosas acabarían en Brasil sin que pudiéramos recogerlas. Si no estábamos allí para recogerlas, se perderían, ya que me habían concedido un permiso especial de importación de pertenencias exento de impuestos por una sola vez, pero sólo yo podía recogerlas.

Operaron a papá y pasamos todo el tiempo posible con él en el hospital, hasta el momento en que mamá y el tío Wayne nos llevaron al aeropuerto. La despedida en el hospital fue muy emotiva. Katia tenía una enorme barriguita. Papá extendió la mano y se la frotó para darle buena suerte. Katia debía de experimentar sentimientos encontrados porque llevaba tres años y medio lejos de su familia. No tenía ni idea de cuánto tiempo estaríamos fuera ni de lo que me esperaba. No me esperaba ningún trabajo. Nos adentrábamos en la oscuridad con todo nuestro dinero apostado a un resultado favorable. Me sentía culpable por dejar atrás a papá, pero sentía que no tenía otra opción. Si lo hubiéramos sabido incluso noventa días antes, podríamos haber cancelado nuestra mudanza.

Regreso a Brasil

Cuando desembarcamos en Natal nos alegramos mucho. Cuando se abrió la puerta del avión, el ambiente cambió inmediatamente. El calor y la humedad entraron de golpe en la cabina, obligándonos a darnos cuenta de que estábamos de nuevo en la región tropical.

Fuimos llevados a casa de los padres de Katia. Habían limpiado la habitación delantera, la que tenía más intimidad, y habían colocado en ella una cama de matrimonio con marco de madera. Me sorprendió la madera. Era de caoba. Creo que el marco de madera pesaba más que yo. Los tableros eran de tres cuartos de pulgada de grosor. Las tablas de los extremos eran más gruesas. Algunas de las tablas decorativas tenían tres pulgadas de grosor. Nunca había visto una cama tan sólida, y era de pura caoba.

En primer lugar, necesitábamos nuestro propio medio de transporte. Compré una furgoneta VW, que en Brasil utilizaban las tiendas para entregar la mercancía. Era un vehículo comercial que nunca utilizaban las familias como medio de transporte. Katia y sus padres pensaron que estaba loco, pero los padres de ella permanecieron en silencio. Era la costumbre de ellos en nuestros asuntos: guardar silencio. Nunca me criticaron, aunque a menudo les di motivos para hacerlo. Katia no se callaba, pero yo era firme. Katia no comprendía que varios años antes yo había tenido una maravillosa furgoneta VW llamada Zanderfeldt. Adoraba a Zanderfeldt. Íbamos juntos a todas partes. Aunque la camioneta de 1979 que acababa de comprar en Brasil no contaba con las mismas ventajas que tenía mi camioneta VW de 1969 en Estados Unidos, seguía siendo una camioneta y me encantaba.

Al cabo de unos días empezaron a llegar nuestras cajas de Estados Unidos. Utilicé mi camioneta para recogerlas y transportarlas a casa de Katia. Empezamos a colocarlas junto a la cama. Para empezar, el dormitorio no era tan grande, y debido a la cama grande y ahora las cajas, teníamos que caminar de lado para entrar o salir del dormitorio. En algunos casos, las cajas estaban amontonadas a metro y medio de altura.

Temía que se me cayeran encima mientras dormía o que Katia les diera un empujoncito; al fin y al cabo, todavía estaba sensible por conducir una furgoneta VW.

Mi segundo objetivo era encontrar trabajo. En Brasil, uno no preparaba un currículum y empezaba a difundirlo. Nunca encontrarías trabajo. No se contrataba a nadie por su competencia. Se contrataba a la gente en función de quién te presentaba. A la persona que te presentaba se la llamaba costa quente (persona de confianza). Mi costa quente era un amigo de la familia de Katia y director del periódico más importante de Natal. Escribía los mejores editoriales de todos los tiempos. Tenía un gran sentido del humor y, cuando lo aplicaba a alguien, conseguía que pareciese ridículamente tonto y estúpido. Nadie quería ser objeto, ni siquiera obtusamente, de uno de sus editoriales. Podía hacer que toda la ciudad se riera de alguien; incluso los mejores amigos de esa persona se reirían porque era realmente gracioso. Todos en la ciudad le querían o le temían, pero todos lo trataban con dignidad y respeto. Nadie quería provocar su ira. Llegamos a Natal en noviembre y, al estar tan cerca la Navidad, nadie contrataba a nadie hasta enero. Estábamos en el limbo. Pero Wolden, nuestro amigo editor, recurrió a sus contactos.

Empezamos a buscar casas. Todos los terrenos eran de cincuenta por cien metros. Tuve que prepararme psicológicamente para lotes tan pequeños. Cada parcela tenía un muro construido alrededor de su borde exterior para su protección. Los muros tenían entre dos y tres metros de altura, a menudo con cristales rotos encima. La seguridad era un problema y había que tomar medidas para proteger a la familia. Además, las ventanas necesitaban rejas metálicas para protegerse.

Después de mirar montones de casas, encontramos una que se adaptaba a nuestras necesidades, aunque no nos gustó la selección de colores del constructor para el interior. La casa tenía dos dormitorios grandes, además del principal, que incluía un gran armario y cuarto de baño. Los suelos estaban cubiertos de grandes baldosas de cerámica bellamente decoradas. Un amplio pasillo tenía las mismas baldosas que los dormitorios. La cocina tenía baldosas desde el suelo hasta el techo. La casa tenía un gran salón con suelo de madera oscura y un estudio al fondo. La sala de estar daba al garaje, que también estaba completamente embaldosado. También había un cuarto de servicio y un lugar para lavar la ropa a mano. Compramos la casa. El bebé nacería a principios de enero. Teníamos prisa.

A comienzos de enero, llegó Wolden y me dieron un puesto en CEPA, la comisión estatal de planificación agrícola donde ya había trabajado antes. Era un trabajo estupendo. Estaba considerado como la crème de la crème de la agricultura. Empezaba en lo más alto. Era una gran noticia, ya que Katia iba a dar a luz cualquier día.

Me presenté en la CEPA para la tramitación. El jefe de recursos humanos era un hombre muy simpático. Me dieron una pequeña habitación al final de un pasillo en el primer piso. No había ventanas, pero cerca del techo había un agujero en la pared que conducía al exterior y por el que entraba algo de luz. Conocí a mi supervisora, de quien descubrí que era muy amiga de la familia de Katia, pero se mostró muy fría y directa conmigo. Tuve la impresión de que no le gustaba que le pusieran un nuevo empleado cuando ella no había participado en el proceso de contratación y no lo necesitaba. Era un indicio de lo que estaba por venir.

Caminé por la oficina y descubrí que mi padrino se había mudado a Brasilia, y un par de personas más también. Conocí a varias de las mismas personas con las que había trabajado cuando estaba en el Cuerpo de Paz. Eran personas sociables, como requieren los buenos modales. Pero mi experiencia en América Latina me enseñó a ver que no estaban contentos de que yo hubiera llegado. Las razones podían ser diversas: aversión hacia alguien que el grupo no conocía, aversión hacia los estadounidenses o cualquier otro motivo.

Me di cuenta de que, en general, a los sociólogos brasileños no les gustaban los estadounidenses. Conocí a muchos de ellos, incluyendo a dos que trabajaban en CEPA, y tenían en común una fuerte aversión por los americanos. Esto se debía a lo que nuestro gobierno había hecho para apoyar a sus dictadores a expensas de la gente común. Yo no había tenido nada que ver con eso, pero lo pagaron conmigo.

Uno de los sociólogos de CEPA no quiso hablar conmigo. Podíamos cruzarnos en los estrechos pasillos, y él siempre miraba hacia abajo y hacia otro lado para evitar cualquier tipo de comunicación. Al principio me sentí ofendido, pero luego lo disfruté. Hice que pagara por su odio. Cada vez que estábamos a punto de cruzarnos, lo saludaba con firmeza y alegría, haciendo evidente a todo el mundo que estaba siendo descortés al no responder. Aun así, nunca respondía. Trabajé tres años en CEPA y ni una sola vez me dio los buenos días.

Cuando me presentaron a empleados de la CEPA que no me conocían, me acostumbré al rumbo que tomaban las bromas. Me hacían preguntas para intentar descubrir quién era mi costa quente. Querían comparar mi costa quente con la suya para determinar quién era más poderoso. Querían saber dónde había recibido yo mi educación y qué títulos tenía para poder comparar sus cualificaciones con las mías, para determinar quién estaba mejor formado. Y, por último, querían saber quién era mi familia brasileña para comparar niveles socioeconómicos. Todo implicaba una comparación. Al final, querían saber si podían tratarme con desprecio, si era necesario, o si tenían que tratarme con respeto. Nunca les dije quién era mi costa quente.

La madrugada del 6 de enero de 1980 nació Kevin. Katia acababa de llegar al hospital cuando él nació. Un año y dos semanas después, nacería Nicholas. Tendría mucho más pelo que Kevin al nacer, pero una constitución mucho más débil. Dos años más tarde nacería Christianne, con lo que se completaría nuestra familia.

De vuelta al CEPA, durante meses no tuve nada que hacer en mi habitación aislada. Tomaba libros para leer sobre economía y cálculo, o practicaba la programación de mi calculadora HP41C, la mejor calculadora que HP había fabricado hasta entonces, y bebía café, mucho café. Para el café, todo lo que tenía que hacer era tomar el teléfono y pedir un café. En menos de un minuto, un hombre con una bandeja aparecía en mi puerta con una pequeña taza de café ridículamente dulce. Compré una taza de dieciséis onzas, me la llevé al trabajo y se la di a los cafeteros. Les dije que lo quería lleno y sin azúcar. Esto, por supuesto, los sorprendió, pero accedieron. Después de beberme una taza de café tan grande, me sentía como si fuera a volar a la luna. Tomaba varias tazas al día, aunque sólo fuera por aburrimiento.

Un día, haciendo una pausa en mi apretada agenda, pasé por delante de una habitación en la que un joven estaba de puntillas, intentando ver por una ventanita situada en lo alto de la pared. Entré en la habitación y le pregunté quién era y qué hacía. Era un universitario que estudiaba economía y trabajaba en CEPA como becario. Le pregunté qué hacía. "Nada" fue su respuesta.

La CEPA recibió muchos proyectos diferentes relacionados con el intento del Estado de organizar el sector agrario. Cuando llegaba un proyecto, alguien tomaba a un becario y lo ponía a hacer una serie de tablas. Muchas veces se necesitaban las mismas tablas en proyectos posteriores, pero cada vez, las tablas se construían desde cero. Pregunté al jefe de recursos humanos quién se encargaba de los becarios. No había nadie. Pedí que me pusieran a cargo de ellos. Él pensó que era una gran idea.

Hice una encuesta a mis colegas para saber qué tipo de tablas necesitaban con más frecuencia y preparé una lista. Luego distribuí las tareas para que los becarios empezaran a hacer las tablas. Una vez hechas, las tablas se enviaban a los mecanógrafos para que las hicieran profesionales en un formato que permitiera ampliarlas a medida que se dispusiera de nuevos datos. Luego, estas hojas se colocaban en carpetas debidamente marcadas en cajones de archivos. Estábamos empezando a crear un banco de datos. A medida que disponíamos de nuevos datos, los íbamos añadiendo a las tablas existentes. Los demás técnicos vieron las ventajas de contar con una base de datos de este tipo y empezaron a hacer más y más peticiones. A medida que se añadían estas solicitudes, podía aumentar el número de becarios.

También les enseñé a los mejores becarios a utilizar mi calculadora HP41C. Creé los programas necesarios para devaluar los precios y los valores a fin de poder compararlos a lo largo del tiempo. Esto era muy importante porque la inflación era del 7% mensual cuando llegué a Brasil y aumentaba lentamente. Cualquier comparación de precios a lo largo del tiempo requería que los precios se ajustaran según el poder adquisitivo del dinero de cada periodo. Si guardaba los precios reales en una tabla y el índice de deflación en mi calculadora, los precios reales podían ajustarse a precios reales en cuestión de segundos y crearse una nueva tabla.

Los estudiantes estaban contentos de aprender cosas útiles que podrían llevarse al mundo real después de graduarse. Cada vez más estudiantes se ponían en contacto con el departamento de RRHH de CEPA para solicitar unas prácticas.

El Nordeste de Brasil es famoso por sus temporadas de sequía. Todavía estábamos en medio de una sequía de varios años que estaba causando graves daños al Nordeste (una zona al menos tan grande como Texas) y a su población. El Banco Mundial vino y quiso ver los daños. Como su delegación utilizaba el inglés como lengua común, me enviaron a traducir entre los delegados y la gente que visitaban. Viajamos por todo el estado y estuvimos trasladándonos durante doce o más horas al día. Hacía mucho calor y la deshidratación siempre era un problema. Rápidamente empecé a sufrir fuertes migrañas porque no podía comer ni beber cuando quería y estaba constantemente traduciendo. Incluso durante las comidas tenía que traducir, lo que me dificultaba comer bien. Me sentía muy mal.

Al finalizar el viaje del Banco Mundial, la delegación recomendó que CEPA realizara un estudio en la zona rural que permitiera al Banco Mundial cuantificar los daños causados por la sequía. El Banco Mundial financiaría el estudio, pero CEPA tendría que crear el cuestionario y recoger los datos. El sociólogo que se negó a hablar conmigo quedó encargado del estudio. En un momento dado, el equipo tuvo que determinar el tamaño de la muestra. El sociólogo tuvo que pedirme ayuda. Disfruté enormemente con aquella tarea.

Mis becarios y yo procesábamos los datos y creábamos las tablas que resumían la información obtenida de las encuestas. Mientras el comité creaba la encuesta, yo aumentaba progresivamente el número de becarios hasta diecisiete. Les enseñé a utilizar calculadoras más sofisticadas. Una vez lista la encuesta preliminar, empezamos a preparar las tablas que serían necesarias. Estas tablas nos servirían de guía para resumir los datos. Cada becario recibía su trabajo o formaba parte de un equipo que revisaba las encuestas y empezaba a rellenar los espacios en blanco de los formularios. Después de hacer algunos cálculos, un becario con más experiencia verificaba la exactitud. Estaba orgulloso de su trabajo.

Una semana después de que el comité terminara las encuestas, las tablas estaban listas para que el equipo las aprobara. No creo que hoy pudiera hacerlo más rápido con la ayuda de una computadora, aunque sí con menos mano de obra.

El Viaje a Casa para Ver a Papá

Yo llevaba seis meses viviendo en Brasil, inmerso en la cultura brasileña. Nunca hablé inglés ni oí hablar inglés. Veía la televisión en portugués, soñaba en portugués y pensaba en portugués; de hecho, vivía en portugués.

Una noche a principios de marzo de 1980, me despertó el teléfono. Busqué el auricular con dificultad. Contesté y oí a mi hermana hablando en inglés. Me quedé sorprendido porque estaba profundamente dormido y también por el idioma. Mi cerebro intentaba procesar lo que estaba pasando pero no podía. Mi hermana estaba nerviosa porque había llamado a un país extranjero y no estaba segura de haber marcado el número correctamente. Estaba desesperada intentando que le respondiera, pero mi cerebro no dejaba de dar vueltas. Finalmente, pude saludarla.

Me dijo que papá había empeorado mucho y que tenía que ir a casa a verlo, rápido. La mayoría de las veces, respondí con un sí o un no. Tal vez dije una frase corta o dos, pero dudo que la composición de la frase fuera apropiada para el inglés. De todos modos, ella pareció entender que yo la había comprendido y, satisfecha, colgó. Sabía lo que tenía que hacer. No podía seguir durmiendo, aunque fuera de madrugada. Empecé a hacer la maleta.

Cuando salió el sol, estaba listo para partir. Llamé a Seu José y le informé de mi viaje. Tuve que informar a CEPA de que me ausentaría durante un tiempo. El jefe de recursos humanos lo entendió y me dio permiso, aunque técnicamente fuera contra las normas. Eso era lo bonito de Brasil: había normas, pero también existía la técnica llamada jeito: el arte de romper las normas. El director de RRHH se mostró generoso a la hora de aplicar el jeito a mi situación y me deseó suerte.

Fui al banco y saqué dinero. Seu José me garantizó que Katia y Kevin no tendrían ninguna necesidad financiera o de otro tipo de la que Seu José no pudiera ocuparse mientras yo estuviera fuera. También me llevó a ver a uno de sus amigos que tenía una agencia de viajes. Compré un boleto a las 2:00 p.m. para un vuelo que me llevaría de Natal a Fortaleza y luego a Belem y Manaus. A medianoche embarcaría en un avión con destino a Miami y luego seguiría hasta Atlanta y Lincoln.

Seu José y Katia me acompañaron al aeropuerto. Yo estaba desesperado al partir, deseando aparecer por arte de magia en el hospital de papá. Miraba el reloj constantemente. Odiaba cada escala y no veía la hora de volver a volar. Cuando llegué a Manaos, tenía que esperar seis horas para tomar el siguiente vuelo a Miami. Las horas se me hicieron interminables. Caminé arriba y abajo por los pasillos del aeropuerto. Sudaba profusamente porque, incluso con aire acondicionado, seguía siendo Manaos, Amazonas. Mi cuerpo estaba cansado, pero no podía sentarme ni descansar.

Después de una eternidad, mi vuelo estaba anunciado. Tomé mis maletas y salí hacia las escaleras que conducían al avión. A la entrada del avión, estaban comprobando los documentos. Le entregué mi pasaporte y me pidió el visado de salida. Le pregunté qué era un visado de salida. Me dijo que para poder salir del país necesitaba un visado de salida. Le supliqué. Él se mostró inflexible. Volví al aeropuerto para esperar hasta mañana, cuando pudiera averiguar qué estaba pasando.

Estaba perdido y desesperado. Durante la noche, el tiempo parecía no avanzar. Sólo vi a un par de personas más en todo el aeropuerto. Parecían tan perdidos como yo. A las 7:45 de la mañana, tomé un taxi y me dirigí a la ciudad de Manaos para visitar a la policía federal, intentando obtener allí mi visado de salida. Volví a suplicar. Los funcionarios no se inmutaron. Me informaron de que tenía que volver a Natal para obtener allí el visado de salida. Argumentaron que mi agente de viajes debería haberse asegurado de que lo tenía antes de darme el pasaje. La agencia de viajes pensaba que yo ya lo sabía.

Compré boletos para regresar esa tarde a Natal. Llamé a Katia y le pedí que me recogiera por la noche. Cuando llegué a Natal, llamé a casa, a Nebraska, e informé a mi familia de lo ocurrido. Me aseguraron que alguien iría a buscar mi avión al día siguiente. Estaba tan nervioso que no podía comer ni dormir.

Me enteré al día siguiente de que, para obtener el visado de salida, tenía que demostrar que había pagado todos mis impuestos y que no había cometido ningún delito. Seu José sabía con quién teníamos que hablar para obtener esos documentos. Eran sus compañeros. Me enteré de que normalmente se tardaba una semana en obtener los documentos necesarios, pero con Seu José y sus amigos, obtuvimos los documentos necesarios en horas. Compré boletos para la misma ruta de salida de Brasil que había utilizado antes.

Después de recibir el visado de salida, el viaje prosiguió sin problemas. Al aterrizar en Lincoln, Nebraska, tomé mi maleta y busqué quien me llevara a casa. Solicité ir a casa primero para poder ducharme y cambiarme de ropa, pero Sally, mi cuñada, pensó que era mejor que fuera directamente al hospital. Entonces supe que papá estaba muy enfermo: esa urgencia me asustó.

Me llevaron a la cama de papá, donde yacía inmóvil. Estaba en posición fetal y parecía muy pequeño y frágil. Había perdido mucho peso. Apenas lo reconocía. No sabía qué hacer. Mamá me dijo que le tomara la mano y hablara con él. Así lo hice. Al principio parecía incómodo, pero luego se hizo más natural. Describí a Kevin y le llevé saludos de Katia, a quien adoraba. Al cabo de unos minutos, el cansancio se apoderó de mí y las piernas me flaquearon. Le pregunté si podía irme a casa a dormir un rato y luego volver.

Sally me llevó a casa, donde me duché y cerré los ojos. Unas horas más tarde, me despertaron y me dijeron que papá había fallecido. Había esperado a que yo llegara para soltarme. Me sentí decepcionado por no haber podido volver a visitarlo, pero estaba muy agradecido por haber logrado verlo. Sé que papá esperó a que yo llegara hasta él y que no había sido fácil para él hacerlo. Estaré eternamente agradecido por esos pocos minutos.

Estudio Sobre la Leche

En Estados Unidos, nunca pensaba en la leche. Si quería un poco, abría la nevera. Si no había, iba al supermercado, donde había cientos de galones de todo tipo de leche. Nunca dudé de que una jarra de un galón contuviera realmente un galón de leche. Nunca dudé de que si compraba un 2 por ciento de grasa butírica, contendría un 2 por ciento de suero de leche. Y nunca pensé que mi leche pudiera estar diluida con agua. Podíamos confiar en todos los miembros de la cadena de suministro.

Aprendí que en Natal, la leche pasteurizada, que se vendía en envases de plástico de un litro, no era de confianza. No se podía comprar, verter en un vaso y beber como en Estados Unidos. En primer lugar, para mí tenía un sabor horrible. En segundo lugar, había que hervirla porque podía contener bacterias peligrosas a pesar de haber sido pasteurizada. Al hervirla, la leche a menudo se aglomeraba. Si era así, podía recuperarse añadiendo azúcar para convertir la leche contaminada en una forma de caramelo. La leche que dábamos a los niños era leche en polvo fabricada por una empresa holandesa. Una vez hidratada, sabía bien y era sin duda sanitaria.

Durante los seis meses de sequía, los pastos se secaban y no se producía hierba. Las vacas lecheras dependían del heno, el ensilado o los cereales comprados para alimentarse. El costo de producir leche aumentó y, por lo tanto, la cantidad producida disminuyó. Los productores tenían dificultades para generar ganancias porque el gobierno había establecido un precio máximo por encima del cual el precio de la leche no podía subir. A menudo, el precio máximo era inferior al costo de producción. El gobierno impuso un precio bajo de la leche porque, de otro modo, muchos pobres no podrían permitirse consumirla. Aun así, muchas familias con niños en Brasil seguían sin poder pagar la leche, y un efecto secundario de un precio demasiado bajo era que desanimaba a los productores a aumentar su producción.

Hubo una temporada de sequía en la que fue imposible encontrar leche en ninguna tienda de comestibles o bodega de Natal. Kevin y Nicholas bebían leche en polvo. Cualquiera que encontrara leche compraba todas las latas existentes, dejando a los demás sin nada. De hecho, me enteré de que la gente pagaba a los trabajadores de las tiendas de comestibles para que les apartaran latas de leche en polvo cuando llegaba un cargamento. Nunca quedaba nada para abastecer las tiendas. La leche en polvo había desaparecido de las estanterías de los supermercados. Estábamos desesperados. Un sábado me pasé todo el día conduciendo hasta pequeñas aldeas rurales. Pensaba que estos pueblos eran pobres y sus habitantes rara vez tenían dinero para comprar leche, así que en alguna bodega podría haber una o dos latas de leche en polvo en un estante lleno de polvo. En mi viaje conseguí varias latas pequeñas de leche. Nunca le conté a nadie cómo había conseguido la leche porque podría tener que volver a hacerlo.

En la región de Natal había muchas fuentes de leche. En primer lugar, se importaba leche en polvo de otra cuenca lechera que producía leche en exceso durante la temporada de lluvias. La mejor marca la producía una empresa holandesa. Esta fuente era pura y sanitaria. Tenía el peso y el contenido de grasa butírica exactos anunciados.

La segunda fuente de leche era otra cuenca lechera que producía un excedente durante la temporada de lluvias. Parmalat vendía esta leche en cajas de un litro con el volumen exacto y el contenido exacto de materia grasa butírica anunciados, además de estar esterilizada y ser perfectamente higiénica. Esta leche tenía un sabor muy parecido al de la leche americana, pero era cara.

El resto de la leche procedía de los productores de la cuenca lechera de Natal. Esta cuenca lechera nunca producía excedentes; incluso durante la temporada de lluvias había que importar leche. Esta leche se procesaba de varias maneras. La primera era procesada por la cooperativa lechera local. La cooperativa pasteurizaba y comercializaba la leche a través de supermercados y pequeñas bodegas, vendiéndola en bolsas de plástico marcadas para contener 1.000 mililitros con un 3,2% de grasa butírica. Siempre contenían menos de 1.000 mililitros de leche.

Muchos productores de leche guardaban una parte de su leche para venderla en las esquinas de Natal como leche no pasteurizada. Los productores elegían la mejor ubicación posible y llegaban con la leche a granel en la parte trasera de sus camionetas. Los consumidores tenían que traer sus propios envases de litro. Normalmente recibían un litro de líquido, pero no de leche con un 3,2% de grasa butírica, ya que se le había añadido agua. El precio de esta leche no se ajustaba al tope de precios del país, sino que era mucho más alto, a pesar de que la leche tenía un menor contenido de grasa butírica. Esto encarecía aún más la leche para los pobres que la compraban.

Entonces decidí realizar un estudio sobre la leche. Una vez al mes, visitaba las dos mayores cadenas de supermercados para saber cuánta leche en polvo habían vendido. También supe cuánta había vendido la cooperativa. Luego visité varios puntos de venta de leche no pasteurizada y compré su leche como lo haría cualquier consumidor. Me llevé cada litro a casa y comprobé su volumen. Después los llevé a la cooperativa, donde el técnico del laboratorio había aceptado comprobar el contenido de agua y de grasa butírica de cada muestra. Anoté el precio que me había costado cada supuesto litro de leche. Realicé cálculos, adaptando el precio de la leche de las distintas fuentes para reflejar lo que yo habría pagado exactamente por un litro de 3,2% de grasa butírica, sin agua de por medio. Al final, obtuve un precio medio ponderado del precio de la leche de calidad en Natal.

Realicé este estudio durante más de un año. Cada mes, el precio real de la leche aumentaba. Los productores hacían ajustes en la leche para aumentar el precio real, para reflejar el costo creciente de producir leche, a pesar del precio controlado por el gobierno. La cooperativa redujo el tamaño de un "litro". Encontré envases de un litro con no más de 670 mililitros, un 33% menos de lo anunciado. Imagínese comprar un galón de leche y recibir sólo 2,7 cuartos de galón en lugar de cuatro cuartos de galón. Imagínese una lata de refresco de doce onzas que sólo contenga ocho onzas. Nunca vi un solo paquete con más de 970 mililitros, aunque examiné muestras de 250 cada mes durante más de quince meses.

Como ya se ha indicado, algunos vendedores de leche sin pasteurizar añadían entre un 10% y un 60% de agua a la leche para aumentar sus ingresos. A veces, la leche estaba tan diluida que tenía un aspecto pastoso cuando se echaba en un vaso transparente. Algunos productores intentaban disimularlo añadiendo un poco de cal al líquido.

Otros descremaban la grasa butírica. Muchas de las muestras tenían menos de un 0,5% de grasa butírica. La mayoría de las vacas producían entre un 5% y un 7% de grasa butírica en la leche. Por lo tanto, los productores conservaban un valor considerable de la leche vendiéndola con sólo un 0,5% de grasa butírica.

Presenté mis conclusiones a la CEPA, pero no le interesaron. Los mayores productores de leche eran los que vendían más leche sin pasteurizar, y los propietarios de esas empresas eran también los senadores y representantes del estado. Obviamente, no les interesaba tomar medidas contra la gran cantidad de tergiversaciones que se producían en el mercado de la leche cuando ellos serían los objetivos de esa investigación.

Enfermarse

Era Navidad, 1980. Todos los años, la CEPA organizaba una fiesta en Navidad. Se esperaba que todos asistiéramos. Aunque yo nunca era sociable, Katia y yo teníamos que ir.

Llevaba varios días cansado, pero aquella noche estaba aún más cansado que de costumbre. Estaba exhausto. A mitad de la fiesta, tuve que pedir perdón a nuestro anfitrión. No me sentía bien. Tuve que irme a casa a descansar. Tenía ganas de acostarme en el suelo. Sentía que mi cuerpo pesaba una tonelada. Estuve a punto de dejar que Katia condujera, pero aún estaba resentida con la furgoneta.

Cuando llegamos a casa, me quité la ropa y me acosté boca abajo en la cama con los brazos y las piernas estirados. Me sentía muerto. Al día siguiente, no quería levantarme. Sentía que no había descansado y tenía un fuerte dolor de cabeza. Cuando caminaba, tenía que dar pequeños pasos para minimizar el movimiento del cuerpo y el dolor de la migraña. Ya no podía acostarme porque me provocaba un dolor punzante en la cabeza. Sólo podía descansar sentado en la cama. Me sentía miserable. Eso fue el sábado por la mañana.

El lunes llamé al trabajo diciendo que estaba enfermo y pedí cita con el médico. Seu José me llevó y Doña Naide me sostuvo en el hombro. El médico descubrió que tenía hepatitis. Ordenó treinta días de reposo absoluto y dijo que mi dieta debía consistir sólo en dulces. Podía comer todos los dulces que quisiera y montones de panqueques bañados en almíbar, además de helado. Pensé que el médico estaba loco, pero era el médico, ¿no?

Qué enfermedad tan maravillosa, por lo menos una vez controlado el dolor de cabeza. El único problema era que yo estaba en el momento más contagioso, y además de que teníamos a Kevin, de once meses, Katia estaba embarazada de ocho meses de Nick. Afortunadamente, la familia de Katia intervino para cuidarme y mantenerme separado de Katia y Kevin. El médico creía que había contraído hepatitis por realizar mi estudio sobre la leche. Y tuve que suspenderlo.

Asesoría A Tiempo Parcial

David, el agricultor estadounidense de Rio Grande do Norte, prosperó mientras yo estaba en Estados Unidos haciendo mi doctorado. Se había asociado con la Algodoeira São Miguel para producir semillas de algodón para ellos. La Algodoeira era propiedad de una empresa inglesa que era la mayor productora de hilo de coser del mundo. La empresa era amante del algodón de fibra larga, que se producía en Egipto y en el nordeste de Brasil. La mayor parte de la producción brasileña de este algodón se daba varios estados al norte de Rio Grande do Norte, pero Rio Grande do Norte tenía el suelo y el clima perfectos para producir la semilla necesaria para la producción a gran escala de algodón de fibra larga.

Además, David tenía acceso a grandes superficies de tierra de regadío situadas junto al río Açu. También contaba con los conocimientos necesarios para gestionar la gran cantidad de recursos que se necesitaban para producir siempre una buena cosecha. La Algodoeira y David llegaron a un acuerdo: La Algodoeira financiaría la producción y proporcionaría la tierra, y David gestionaría los recursos y produciría la cosecha. Llevaban ya un año haciéndolo y estaban ampliando la zona de producción. David necesitaba conocer y controlar sus gastos. Por motivos de tesorería, necesitaba saber cuánto había gastado semana a semana. La Algodoeira le pedía cuentas por el dinero que le adelantaban para financiar la producción, y tenía que demostrar a la empresa a dónde iba cada dólar y cuándo se gastaba.

Accedí a recopilar los datos que David necesitaba. Creé todos los formularios de datos necesarios para esos informes, y David me permitió entrevistar a varios empleados para encontrar a algunos que tuvieran suficientes conocimientos y estuvieran dispuestos a que yo los capacitara para recopilar datos.

Les enseñé a rellenar los formularios cada día. Necesitábamos saber qué tractores y herramientas se utilizaban y durante cuánto tiempo. Necesitábamos la misma información sobre toda la mano de obra. Necesitábamos información sobre fertilizantes, insecticidas y otros productos químicos. La producción de algodón requería mucha mano de obra, así que no era tarea fácil. Los empleados no estaban acostumbrados a anotar nada; la mayoría eran analfabetos y no tenían ni idea de la importancia de cada detalle. Obtener números confiables iba a ser una gran tarea.

Todos los viernes por la noche viajaba tres horas hasta la granja de David, donde comprobaba los registros y trabajaba con los empleados que recopilaban los datos. Transcurrieron varias semanas antes de que pudiéramos recopilar datos precisos. Al cabo de un par de semanas, empecé a llevar informes preliminares a David. Los domingos volvía a Natal para comprobar la calidad de los nuevos datos recopilados. Y los lunes volvía al CEPA.

Esta rutina era muy agotadora, pero necesaria. Ni siquiera mi trabajo en el CEPA generaba ingresos suficientes para que pudiéramos ahorrar algo de dinero. Nuestra familia, cada vez más numerosa, necesitaba más dinero. La inflación brasileña no ayudaba. La inflación que había comenzado en un 7% mensual se convirtió en un 8%, luego en un 9% y después en un 10%. Incluso una inflación del 7% mensual se convirtió en un 225% anual. Los productos que costaban 100 dólares a principios de año costaban 225 dólares a finales de año. Nuestros salarios sólo aumentaban cuatro veces al año. Durante los últimos meses del año, teníamos que ajustarnos al presupuesto.

David aún no tenía casa en la granja. Él y yo dormíamos en hamacas colgadas en un cobertizo para máquinas de tres lados. Los mosquitos eran horribles, pero era agradable dormir al aire libre, aunque hiciera calor. Un sábado por la noche nos pusimos el traje de baño y fuimos al río a bañarnos. La corriente era suave. Era relajante estar con el agua hasta debajo del pecho. La corriente me dejaba flotar lentamente. Era el paraíso.

Nos pusimos ropa limpia y fuimos al bar habitual de David en la ciudad, donde pidió cervezas. Me moría de hambre. Después de un par de horas y de que David se hubiera bebido varias cervezas, decidí que no esperaría más a David y pedí comida. Sólo había tomado una cerveza, pero ya tenía una fuerte migraña por la falta de comida y por haber pasado el día bajo un sol abrasador. No debería haber esperado tanto para pedir. Llevaba tiempo esperando que David tomara la iniciativa, pero no lo hizo. Aprendí a arreglármelas solo.

La parte más difícil de la producción de algodón era la cosecha. Todo se hacía a mano, y David tenía cientos de hectáreas listas para la cosecha. Ese año contrató a casi 1.100 personas para recoger el algodón. Venían de toda la región, y muchos no eran ciudadanos honestos. Mi problema era el siguiente: Tenía que formular un método para controlar cuánto algodón recogía cada persona cada día. Los sábados al mediodía se detenía la recolección, y las 1.100 personas se ponían en fila y esperaban el pago inmediato, en efectivo y con el cambio exacto. Su objetivo era llegar rápidamente al mercado de Açu antes de que se vendieran todas las frutas y verduras buenas. Antes de poder pagarles, había que sumar al carro los montones de algodón de cada empleado, recién obtenidos. Todo ello llevaba su tiempo, lo que inquietaba a los empleados que esperaban.

Con el fin de organizar la mano de obra, David seleccionó entre veinte y treinta jefes, con unos cincuenta trabajadores bajo las órdenes de cada jefe. Cuando se contrataba a los trabajadores, se les asignaba un número de orden del 1 al 1.100. Imprimí estos números en papel grueso utilizando mis computadoras y luego mandé plastificar cada número. Les hacía un agujero y colgaba una cadena en el cuello, como las placas de identificación del ejército. Cada vez que los trabajadores descargaban su algodón, mostraban su número a su jefe, eran testigos del peso y ponían sus iniciales al lado del registro para indicar que estaban de acuerdo con el peso asignado. No podía haber discusiones ni desacuerdos sobre cuánto algodón se había recogido el día de pago. El día de pago tenía que transcurrir siempre sin contratiempos.

Tenía que entregarle una lista a David con la cantidad de dinero de cada denominación que necesitaría cada sábado. Necesitaba esta información para el miércoles. Tenía que encontrar la forma de calcular estas cifras. Para mayor seguridad, tenía que aumentar el número de billetes y monedas más pequeños para garantizar que, fuera cual fuera el salario final de un trabajador, pudiéramos pagarle inmediatamente con el cambio exacto.

Para obtener esta cantidad de efectivo, David iría a todos los bancos de Natal y cogería todo el efectivo del que pudieran disponer. Luego, su banco enviaba una solicitud a São Paulo para que el resto se enviara en el vuelo del día siguiente. Era una operación masiva. Muy pocas operaciones en Natal contaban con 1.100 empleados, y podían pagar a sus empleados con cheques. La nómina en efectivo para 1.100 personas era gigantesca. También podía ser un objetivo para los ladrones.

En el lugar, David abrió varias tiendas para atender más rápidamente al gran número de recolectores. Cada tienda gestionaba una serie de números de identificación. David tenía dos hombres con ametralladoras vigilando el dinero en cada tienda. No se podía subestimar lo atractivo que era su operación para los ladrones. Una semana completa de nóminas para 1.100 hombres podía atraer a mucha gente a intentar robar el dinero. El sábado, en aquella granja podía haber más dinero en efectivo que en todos los bancos de Natal.

Disponer del cambio correcto en esas condiciones era difícil. Después de un sábado, convencí a David de que revisara el siguiente día de paga para incluir el trabajo realizado de lunes a viernes por la noche. Así tendría el viernes por la noche y el sábado por la mañana para contar cuánto iba a recibir cada trabajador el sábado. No era tiempo suficiente para calcular mejor la cantidad de billetes y monedas pedidos a São Paulo, pero al menos íbamos a saber antes cuánto iba a recibir cada persona.

A la semana siguiente, la semana de pago pasó del sábado al jueves por la noche. Y la semana siguiente, la semana de pago sería de viernes a miércoles por la noche. Esto nos permitió obtener el cambio exacto de los bancos. En años sucesivos, la empresa aplicaría este procedimiento desde el inicio de la temporada de recogida.

Este proyecto era grande, con mucho dinero invertido y circulando por las manos de David. En cuanto terminó la cosecha y se recopilaron los datos, le presenté a David su informe final. Lo dividí en una docena de categorías principales y casi cien subcategorías. Para que el informe no fuera tan extenso, resumí los costos en periodos de dos semanas, desde el principio hasta que se recogió la última cápsula de algodón. Era precioso. Me sentí muy orgulloso.

Al final, David tuvo que presentar este informe a la Algodoeira. Estaba nervioso, pero presentó el mismo informe que yo le había dado, y les encantó. En aquel momento yo no lo sabía, pero la Algodoeira tenía otros productores como David en otros estados. Todos los contratos de los años siguientes exigirían a los productores un informe como el mío para la Algodoeira. Para mí, ese fue el sello de aprobación de Good Housekeeping.

David contra Goliat

David era un hombre de visión. Era un hombre que pensaba. Estoy seguro de que muchas de sus mejores ideas se le ocurrieron mientras estaba acostado en su hamaca en su cobertizo de máquinas.

El estado estaba en su segundo o tercer año de sequía. En los años de sequía se consumían más frijoles negros de los que se producían. La gente comía frijoles negros una o dos veces al día, sin embargo, durante una sequía, la producción estaba muy por debajo de lo normal. El inventario estatal de frijoles negros disminuyó durante todos los años de sequía.

El gobierno no planificaba mucho, aunque tenía una organización llamada Comisión Estatal de Planificación Agrícola. Sólo se hacía lo que el gobierno federal nos ordenaba. No pasábamos mucho tiempo pensando. A nadie le importaba lo suficiente como para pensar.

Cada nuevo año agrícola, los agricultores necesitaban semillas de frijol negro para plantar. Siempre confiaban en tener una buena cosecha, pero en caso de sequía no era así. El inventario estatal de frijoles negros disminuía. Una cosa con la que podíamos contar era que por cada año más de sequía, el inventario estatal de frijoles negros sería menor.

David sabía que nadie en el gobierno estaba controlando el inventario de frijoles negros y que éste disminuía cada vez más. David sacó a relucir su sistema tecnológico para la producción de frijoles negros y plantó frijoles negros en todas sus tierras cultivables que podía alquilar. Almacenó los frijoles e hizo lo mismo una y otra vez hasta que David consiguió un gigantesco inventario de frijoles negros, mucho mayor que el que tenía el estado de Rio Grande do Norte.

Por último, volvieron las lluvias y todos los habitantes de Rio Grande do Norte y los estados vecinos querían plantar frijoles negros, pero estos estados tenían muy pocos frijoles para vender a los agricultores. David comunicó que tenía abundantes frijoles negros. Ofreció vender sus frijoles a un precio favorable para él, pero el estado de Rio Grande do Norte se negó a pagar. Fue entonces cuando llegó un estado vecino y se ofreció a pagar su precio y comprar todo su inventario.

David obtendría grandes ganancias además de salvarle el día a todo un estado, excepto por una cosa. El estado de Rio Grande do Norte convocó una sesión de emergencia de su asamblea legislativa y aprobó una ley que establecía que, en tiempos de emergencia estatal, los agricultores sólo podían exportar productos agrícolas con el permiso del estado. El gobierno obligó a David a vender sus frijoles al estado a un precio ridículamente bajo. ¡Qué manera de recompensar a alguien que acaba de salvar a tu población de una escasez de frijoles negros!

La Cámara de Representantes y el Club de Caballeros

En uno de los editoriales de Wolden, este reveló información sobre el final de la sesión legislativa del año. Al parecer, los legisladores habían alquilado dos autobuses de lujo y, tras terminar su duro trabajo, todo el cuerpo legislativo se había ido al mejor burdel de la ciudad a relajarse. Es más, no hubo ninguna protesta pública de inmoralidad. A nadie le importó.

Corriendo por la Calle Junto a la Playa

Cuando llegué a Natal por primera vez tras regresar de Estados Unidos, me esforcé por correr varios kilómetros cada día, dirigiéndome a la playa para trotar. Estaba en buena forma y quería mantenerla. El único problema era que los ladrones aprendieron que podían acercarse a los corredores y pedirles la cartera y las llaves del automóvil. Si un corredor no accedía, el ladrón mostraba un cuchillo o una pistola. Mi esposa se ponía frenética cada vez que salía a trotar. Pero, por supuesto, yo estaba seguro de que no podrían atraparme.

Si alguien trotaba cerca de mí, me aseguraba de no moverme o de desplazarme al lado opuesto de la calle. Si algún corredor empezaba a acercarse a mí por detrás, me cambiaba al otro lado de la calle y corría más deprisa. Intentaba evitar correr cerca de edificios porque un ladrón podía salir de una sombra y atacarme.

Al final, se volvió demasiado peligroso. Y dejé de correr.

Se Enferma

Nicholas era un niño pequeño y delicado, que nació al principio de la temporada de sequía. Durante sus primeros meses de vida, el calor era intenso y muchos bebés enfermaban y se deshidrataban. Al poco tiempo, Nicky empezó a enfermar. Comprábamos remedios en la farmacia y parecía que mejoraba, pero luego recaía. Todos los hospitales estaban llenos. Los artículos de los periódicos anunciaban la muerte de un bebé mientras estaba al cuidado del hospital estatal, que tenía que aceptar a cualquiera que apareciera en su puerta. Allí acudían los pobres en busca de atención médica.

Hubo otras historias de bebés abandonados en este hospital. Es posible que esto se debiera a que el personal era insuficiente para atender a todos los bebés que necesitaban tratamiento. Los administradores podrían no haber aumentado la plantilla lo suficiente para atender el aumento de la demanda. O quizás el personal no sintiera mucha empatía por los bebés. En Brasil, los médicos tenían fama de tener complejo de Dios. Hacían lo que querían, cuando querían y si querían. Las enfermeras y el resto del personal podrían haber imitado esta actitud.

Una mañana, a las tres, Katia me despertó y me dijo que Nicholas estaba empeorando mucho. Lo miré; su respiración era muy poco fluida y tenía mucha fiebre. Llamamos a doña Naide y se lo dijimos. Ella despertó a Seu José, y vinieron en un instante para atender a Kevin. Katia y yo nos vestimos y nos dirigimos al hospital privado donde trabajaba el pediatra de Nicholas. Nos dieron la espalda porque el hospital estaba lleno. Fuimos al hospital estatal, donde el personal nos dijo que primero teníamos que cruzar la ciudad para obtener un documento de otra oficina del sistema médico estatal. Suplicar no sirvió de nada. Volvimos a nuestro auto y condujimos rápidamente a través de la ciudad para tramitar el documento requerido y luego regresamos al hospital estatal.

Cuando un enfermero vino a recibirme, me hizo un gesto para que le entregara a Nicholas. Le dejé claro que quería acompañar a Nicholas al hospital y quedarme a su lado. El enfermero me dijo que eso no estaba permitido. Dudando, le entregué a Nicholas. Antes de soltarlo, le dije que si no trataban a Nicholas como debía, encontraría al enfermero y lo castigaría como correspondía. Se lo prometí. Quería que supiera que tenía que cuidar de Nicholas o sería personalmente responsable. Sin excusas. Fue muy difícil dar media vuelta y marcharme después de ver a Nicholas desaparecer en la oscuridad de aquel frío hospital.

A la mañana siguiente, contactamos con nuestro pediatra. Encontró un lugar en su hospital privado, y fuimos directamente al hospital estatal y recogimos a Nicholas. Solo había estado a su cuidado seis horas. A mí me habían parecido toda una vida.

Navidad

La Navidad en Brasil no tenía nada que ver con la Navidad. Se celebraba en la época más calurosa del año, la época en que la gente se iba de fiesta a la playa, y para mí la Navidad requería nieve y frío. No se trataba de ir a la playa. Las tiendas tenían adornos de temporada, pero eso solo hacía que la celebración me pareciera aún más falsa. Santa Claus volando en trineo por la playa no tenía el mismo encanto que Santa Claus en trineo sobre la nieve. En Brasil no disfruté nunca de la Navidad.

Parrillada en la Esquina

La calle principal de Natal estaba a sólo un kilómetro y medio de nuestra casa. Los sábados y domingos había una parrillada de pollos al aire libre situada en una de las transitadas intersecciones de esa calle. Consistía en un hombre que trabajaba bajo un enorme árbol, atendiendo una gran parrilla. Llevaba un pequeño camión frigorífico lleno de cientos de pollos sin piel. Los pollos estaban colocados sobre la parrilla con las patas y las alas en direcciones opuestas. El hombre no paraba de untar y dar la vuelta a los pollos. A medida que se cocinaban, los movía a un nivel superior de la parrilla para mantenerlos calientes sin quemarlos. El olor se sentía a dos calles de distancia. Era imposible pasar por delante de la parrillada sin detenerse y comprar uno o dos pollos junto con un par de cervezas bien frías. Incluso ahora puedo saborearlos y olerlos. Vendía cientos cada día.

Gasolineras Cerradas el Fin de Semana

Al llegar a Brasil, era un momento de crecimiento económico. El gobierno intentaba gestionar la economía, hacer que funcionara como el gobierno quería. Un recurso muy escaso eran los dólares, o divisas. El gobierno necesitaba dólares para importar máquinas para la industria manufacturera, la principal fuerza motriz de la expansión económica. La mayor competencia por las divisas era la importación de petróleo. El gobierno intentó obligar a la gente a economizar petróleo porque todo el mundo conducía y compraba gasolina, lo que suponía un derroche de las preciadas divisas del país.

Para fomentar que sus ciudadanos disminuyeran el consumo de gasolina, el gobierno fijó el precio de la gasolina en el surtidor en dos o tres veces el precio por el que se vendía en Estados Unidos. Cuando los altos precios no estimularon lo suficiente a los ciudadanos brasileños a reducir el consumo de gasolina, el gobierno tuvo que encontrar otra forma. Nos despertamos una mañana y descubrimos que el gobierno había aprobado una ley que obligaba a las gasolineras a cerrar a las 6 de la tarde del viernes por la noche y les prohibía volver a abrir antes de las 6 de la mañana del lunes. El objetivo era mantener a la gente en casa los fines de semana, con los coches en los garajes.

Esta nueva ley creó inmediatamente largas colas en las gasolineras los viernes por la tarde, ya que los conductores querían llenar sus tanques antes de que cerraran las estaciones de servicio. Las mañanas de los lunes también eran difíciles, ya que mucha gente iba con el tanque vacío y las colas no se reducían hasta mediados de la mañana. Al pueblo brasileño no le gustaba esta nueva ley. Habría que aplicar el Jeito.

Esto no me molestaba ya que no conducía mucho los fines de semana, a menos que tuviera programado un viaje a la granja de David. Cuando viajaba a su granja, él se encargaba de llenar el depósito para que yo pudiera volver a casa. Lo único que tenía que hacer era reservar un par de bidones de gasolina de cinco galones.

En mi primer viaje a la granja de David después de que se aprobara esta ley, llegó el domingo por la tarde y le comenté a David que necesitaba gasolina para volver a casa. Me dijo que no me preocupara y se subió al asiento del copiloto de mi furgoneta VW. Me condujo a Açu y, tras varias vueltas, nos encontramos con una larga fila de vehículos. Me indicó que entrara en la fila. La fila detrás de mí creció rápidamente a medida que avanzábamos. Vi vehículos policiales delante y detrás de mí. Por fin, llegamos a una puerta ancha en un muro de dos metros de altura que rodeaba una propiedad que abarcaba una manzana entera. Ya olía a gasolina. Esperaba que nadie que trabajara allí ni nadie que estuviera en los automóviles estuviera fumando.

Dentro de los muros vi cientos y cientos de bidones de cinco galones llenos de gasolina. Había un montón de trabajadores utilizando embudos para llenar los coches, con hasta cinco o seis vehículos atendidos a la vez, incluidos los automóviles de la policía. Incluso la policía compraba gasolina en el mercado negro.

Este fue otro ejemplo de *jeito* en acción. Cada vez que un obstáculo se interponía en el camino de un brasileño, lo primero que éste hacía era buscar un *jeito*, una forma de evitar el obstáculo. Un ciudadano no podía deshacer las leyes aprobadas, pero podía encontrar un lugar que vendiera gasolina ilícitamente. Tras unos meses, el gobierno desistió, y la vida volvió a la normalidad. El gobierno no había tenido en cuenta el *"efecto jeito"*. Los brasileños siempre encontraban la manera de superar un obstáculo, al igual que el agua encontraba el camino cuesta abajo.

Viaje de Asesoría a Paraíba

David me comunicó con otro pequeño agricultor estadounidense, Mike, que tenía una pequeña granja de regadío justo en el estado vecino de Paraíba, en el extremo de Rio Grande do Norte. Su producción era de leche, carne de vacuno, cerdo, verduras, arroz, judías negras y fruta, todo ello en una pequeña parcela de tierra. Quería saber qué actividades no le reportaban beneficios. Quería dedicar sus escasos recursos sólo a las actividades rentables y eliminar las demás.

Pensé en lo que tenía que hacer. Creé los formularios que necesitaría para obtener los datos necesarios para responder a su pregunta. Cuando estaba preparado, lo llamé y acordamos un fin de semana para visitarlo. Dado que el trayecto sería de al menos seis horas y que nunca antes había recorrido esa ruta, salí el sábado por la mañana temprano en lugar del viernes por la noche. Así podría conducir exclusivamente de día.

A través de la mayor parte de Rio Grande do Norte, tenía buenas carreteras de asfalto en las que gané tiempo. El clima era caluroso y seco, y tuve que parar a menudo para beber agua. Al cabo de un rato, vi un puente estrecho. A la izquierda, a pocos metros de la carretera, había un par de bodegas con varias bicicletas estacionadas fuera, como caballos atados a un poste de enganche.

Al acercarme al puente, disminuí la velocidad y me detuve a la mitad de la carretera. Miré por el retrovisor y, a lo lejos, vi otro automóvil que me seguía. Reduje aún más la velocidad al acercarme al puente de un solo carril. Entonces vi algo a la izquierda de mi campo de visión. Oí ruidos de choque y, a continuación, un objeto salió disparado por delante de mí, a la orilla de la carretera. Yo estaba entrando en el puente, así que no me atreví a mirar hacia atrás. En cuanto crucé el puente, miré hacia atrás y vi el automóvil que iba detrás de mí parado en el arcén, a poca distancia del puente, con la parrilla delantera destrozada y las bicicletas tiradas por todas partes. Había cuatro hombres corpulentos de pie junto al automóvil y agitando los puños hacia mí, así como hombres que salían de las bodegas, agitando los puños hacia todo el mundo mientras intentaban localizar sus bicicletas. El automóvil debió de ir a gran velocidad.

Por suerte para mí, el asfalto terminó en el puente. Más allá del puente, el camino de tierra era ancho porque se utilizaban las cunetas planas como carriles adicionales. Había muchos baches de la anterior temporada de lluvias. Los baches se habían endurecido y se habían convertido en superficies de hormigón que los mantenían hasta la siguiente temporada de lluvias. Además, de la superficie de arcilla dura como una roca sobresalían grandes rocas, desde unos pocos centímetros hasta 30 centímetros o más. Estaban esparcidas e incrustadas en la carretera. Si un vehículo chocaba contra alguna de ellas, el vehículo quedaría destrozado.

Aquellos hombres volvieron a entrar en su vehículo e intentaron perseguir mi furgoneta VW. Yo tenía la ventaja de que la furgoneta tenía una gran distancia de seguridad, lo que me facilitaba pasar por encima de la carretera en mal estado. Su Chevette tenía poca distancia y, dado que había cuatro hombres corpulentos sentados dentro del vehículo, éste no tenía ninguna posibilidad de alcanzar velocidad en aquella carretera. Yo, en cambio, aceleré a fondo y bajé la cabeza para evitar que se golpeara contra el techo mientras aceleraba a toda velocidad. Rápidamente desaparecieron por mi retrovisor. Seguramente seguían agitando los puños. Si la carretera hubiera estado asfaltada, habrían podido alcanzarme.

Cuando por fin llegué a la granja de Mike, me saludó calurosamente. Mientras bebía primero un vaso de agua fría y luego una cerveza fría, le conté mi experiencia en la carretera y luego empezamos a hablar de negocios. Le expliqué lo que tenía en mente y le mostré los formularios que había creado previamente. Hicimos algunos cambios mientras los revisábamos.

Le comenté un elaborado experimento que sería necesario para determinar correctamente si producir leche podía ser rentable. El experimento consistiría en modificar la dieta de las vacas y tardaría tres meses en llevarse a cabo. Mike estuvo de acuerdo. No quería decirle que eliminara su rebaño lechero si no tenía la certeza de que era la decisión correcta.

Volví después de un par de semanas para comprobar la recopilación de datos y responder a cualquier pregunta que Mike tuviera. Fui muy prudente cuando llegué al estrecho puente y al camino de tierra que lo seguía. Mantenía los ojos pegados al espejo retrovisor por si algún automóvil iba a gran velocidad.

Al final, le recomendé a Mike que eliminara las vacas lecheras, el ganado vacuno y la producción porcina. Las empresas de producción de cereales, verduras y frutas eran rentables. Mike se mostró contento. Creo que ya sabía que así sería. Volví a casa. Mi trabajo con Mike había terminado.

Asesoría para la Algodoeira

La Algodoeira São Miguel funcionaba en Brasil desde hace casi 150 años. En ese tiempo, los trabajadores de la empresa habían recogido semillas de todas las variedades nativas de algodón que pudieron encontrar.

Anotaban minuciosamente las características de cada variedad y cada año se dedicaban a cruzar diferentes variedades, intentando encontrar nuevas variedades con características mejoradas.

A medida que pasaba el tiempo, este trabajo se hacía cada vez más complicado y costoso porque tenían que encontrar la manera de almacenar las semillas de forma segura para no perder ninguna de las variedades. Sin embargo, en 1981 tuvieron que deshacerse de algunas variedades. Era demasiado caro mantenerlas todas. Normalmente, este trabajo debería haber sido asumido por la estadística interna de la empresa, ubicada en la oficina principal de Algodoeira en Inglaterra, pero tenía un montón de proyectos pendientes que no podría completar hasta dentro de un año o más.

En ese momento Algodoeira me contactó. Les expliqué que no tenía un doctorado en estadística y que tal vez no pudiera completar la tarea. Querían que lo intentara. Me entregaron todos los datos. Afortunadamente para mí, durante mi formación doctoral había seguido muchos cursos de estadística. Uno de ellos era un curso que normalmente no se estudia en el campo de la economía, pero a mí me interesaba la experimentación agrícola, así que lo había cursado. En la última semana, el profesor presentó una metodología que acababa de desarrollarse. Es más, acababa de leer sobre ella en una publicación. Copió la tabla necesaria para aplicar la metodología y la repartió a todos los alumnos. Yo la había guardado.

Aplicando esta metodología, probé todas las semillas e hice mis selecciones de semillas para conservar y semillas para descartar. Expliqué la metodología a los Algodoeira y les di mis conclusiones. Posteriormente, me dijeron que su estadística en Inglaterra había dispuesto inesperadamente de algo de tiempo y había examinado los datos. Aplicó una metodología similar a la mía, y sus selecciones fueron muy parecidas a las mías. No me importó que revisaran mi trabajo. Sentía la presión de cometer un error y provocar la eliminación de una semilla de 150 años que podría hacerla desaparecer de esta tierra para siempre. Me alegraba compartir la culpa si nos equivocábamos.

Abrir una Tienda de Computadoras

Los clientes a los que presto servicios de asesoría necesitan informes rápidos. En cuanto entregaban el último dato, querían el informe final. Esto me obligaba a tener mis computadoras e impresoras funcionando todo el tiempo. En 1981, tanto las computadoras como las impresoras no funcionaban. La computadora que yo utilizaba era una versión de ingeniería inversa del modelo TRS-II de Radio Shack, o algo así. Tenía dos puntos débiles: su disco duro (disquetes de cinco pulgadas) y sus teclas. El disco duro necesitaba constantemente alineación, y era habitual que dos o tres teclas del teclado no funcionaran. Necesitaba reparar la computadora en casa.

Ya había abierto un negocio para mi asesoría: ECONSULT. Si alquilaba un local y contrataba a un técnico de reparaciones, tendría mi técnico interno, pero me saldría caro mientras esperaba a que se averiara mi computadora. Decidí que también podía vender computadoras y -¿por qué no?- ofrecer clases de programación. Las computadoras empezaban a utilizarse y cada vez más gente quería aprender a programar.

Alquilé una casa grande cerca del centro de la ciudad. Cubrí con ladrillos la abertura de la puerta del garaje, reparé el interior y añadí un aire acondicionado, además de un sólido banco de dieciocho pulgadas alrededor de las paredes para colocar las pequeñas computadoras y los monitores. Junto al aula de programación había una vieja habitación que antes se utilizaba para guardar herramientas. La remodelé, le puse aire acondicionado y la llamé mi oficina. La gran sala estaba acondicionada para mostrar computadoras, impresoras, calculadoras y accesorios. Otra habitación se utilizaba para almacenar piezas de repuesto y para que el técnico hiciera las reparaciones. Otra habitación la utilizaban el contable y su personal. Permití que el contable usara su sala para sus negocios externos a cambio de sus servicios gratuitos para mi empresa.

Publiqué un anuncio para una clase de programación que empezaría el lunes por la mañana y volé a São Paulo el miércoles por la tarde para adquirir el derecho a vender la marca más popular de computadoras producidas en Brasil. Compré una unidad de las computadoras grandes de la empresa y una unidad de sus computadoras medianas. Luego compré doce unidades de una computadora diminuta que se utilizaría en la clase de programación de computadoras para principiantes.

El viernes por la noche, cuando volví a casa, lo único que sabía hacer era encender las computadoras. No tenía software para ninguno de los equipos. La empresa informática había incluido, gratis, el juego del ahorcado. Dejé las computadoras grande y mediana y tomé una de las pequeñas para usarla el lunes en la clase de programación. Me había comprado un libro que explicaba cómo utilizar el lenguaje de programación BASIC. El domingo por la tarde estaba empezando a entenderlo y empecé a preparar mi primera lección.

Ya estaba listo para la primera clase del lunes por la mañana. Me sentí aliviado cuando esa clase se desarrolló bien. De hecho, el resto del curso también se desarrolló sin problemas. Enseguida se formaron nuevos cursos y tuve que contratar a programadores profesionales para impartirlos. Nos ganamos la reputación de ser honestos y ofrecer cursos de alta calidad. Eso ayudó cuando la gigantesca compañía petrolera de Brasil empezó a enviarnos a sus empleados para que recibieran formación.

Los programadores profesionales organizaron un curso de COBOL utilizando nuestras computadoras medianas. También fue todo un éxito. Las empresas tenían una creciente demanda de trabajadores dedicados a la introducción de datos. Creé un curso para formar a estudiantes en introducción de datos. Era un curso autodidacta en el que la gente podía venir en cualquier momento, siempre que tuvieran tiempo programado en la computadora, y seguir las instrucciones. El plan de la lección estaba cuidadosamente trazado; lo único que tenían que hacer los alumnos era seguirlo. Cuando consideraban que habían terminado, realizaban un examen cronometrado. Después, les dábamos un documento que demostraba que se habían formado con nosotros y que mostraba la velocidad a la que tecleaban y el porcentaje de números correctos introducidos durante el examen cronometrado.

Con el paso del tiempo, nuestros cursos fueron lo que mantuvo a ECONSULT y nos permitió pagar nuestras facturas. Las ventas de computadoras eran prácticamente nulas. Me culpaba a mí mismo porque no era vendedor y no sabía cómo contratar o supervisar a vendedores. Yo era profesor. Debería haberme centrado en mi punto fuerte en lugar de en mis puntos débiles.

Nuestra tercera fuente de ingresos debía haber sido la reparación de equipos, pero tampoco ahí había ingresos, en parte porque teníamos que vender el servicio y nuestro departamento de ventas era poco eficaz. Eventualmente, me enteré de otra razón por la que no había reparaciones: mi técnico era contactado a menudo para reparaciones, pero hacía que los clientes le pagaran directamente en lugar de incluirme a mí. En cuanto a las piezas, me pedía placas que decía que eran necesarias para el mantenimiento de nuestras computadoras y luego les robaba piezas para mantener funcionando su negocio secundario.

Cuando me enteré de lo que estaba pasando, lo despedí y encontré a un joven que acababa de graduarse en una escuela técnica. Lo contraté y, a un alto coste, lo envié a São Paulo para que se certificara en la reparación de los productos de nuestra marca de computadoras. Podía confiar en este joven, pero el daño ya estaba hecho. Le pedí que revisara nuestro inventario de placas de computadoras para determinar cuántas habían sido robadas. Para reparar estas placas, tenía que pagar más de dos mil dólares.

Temporada de Apareamiento de las Tarántulas

En casa solía pasar las tardes en mi oficina. Estudiaba programación informática, cálculo u otros temas que me interesaban. Una noche, Katia se acercó a la puerta, pero no dijo nada. Cuando levanté la vista y la vi, estaba señalando hacia el techo. Miré hacia arriba y vi en el techo, justo encima de mi cabeza, una tarántula que debía de medir entre 15 y 20 centímetros.

Corrí a buscar la escoba, la tiré al suelo y la ataqué. Katia tomó el recogedor. La barrí dentro del recogedor y la saqué fuera, donde la tiré sobre una losa de hormigón. Katia me dio el mechero y las cerillas. Apuntó a la tarántula y luego al mechero y las cerillas. Así se hacía en Brasil. Le hice caso.

Katia me dijo que enero (era enero) era el mes preferido de las tarántulas para aparearse. Me dijo que revisara la pared externa. Me entregó el mechero y las cerillas para que me los llevara. Me puse las sandalias y empecé a revisar el perímetro. Antes de terminar, había encontrado seis u ocho tarántulas trepando por la parte interior de nuestro muro hacia el interior de nuestra propiedad. Tal vez debería recordarle a la gente que nuestra casa era la única que estaba en pie en tres o cuatro manzanas de la ciudad. Es posible que por esa razón tuviéramos tantas tarántulas invadiendo nuestra propiedad. Sin embargo, después de unos días, la temporada de apareamiento debió haber terminado porque la invasión de las tarántulas cesó.

Grandes Ratas Invaden Nuestra Casa

El área alrededor de nuestra casa era plana, y nuestra casa era la única casa en cuatro calles cuadradas. Había mucho terreno sin ocupar en los alrededores. El ayuntamiento ni siquiera había delimitado las calles. No había necesidad hasta que la gente empezó a ocupar la zona, y la ciudad no tenía presupuesto para prestar servicios antes de que fueran necesarios.

En Natal había muchas personas sin hogar. Normalmente se agrupaban en una zona y creaban un poblado de barrios bajos con casas hechas de cartón o trozos de madera, con trozos de lata que les servían de techo. Las casas eran diminutas y frágiles, pero ofrecían cierta protección a sus habitantes. Normalmente, estas personas evitaban los terrenos en propiedad porque sus propietarios eran muy protectores y demandarían a la ciudad para que desalojara a los ocupantes ilegales. Pero las calles que rodeaban los barrios eran otra cosa. Eran propiedad de la ciudad, y la ciudad nunca sabía lo que estaba pasando. Los barrios bajos tendían a situarse al lado de las calles. Era muy poco probable que alguien que trabajara para la ciudad se preocupara lo suficiente como para montar un escándalo y hacer que quitaran un barrio pobre.

Un barrio bajo de este tipo se formó en una calle a un bloque de nuestra casa. Creció un poco cada día y se convirtió en un importante escondite para personas sin hogar. Un día, el municipio colocó carteles por todas las casas de cartón, indicando que los residentes tenían que abandonarlas en una fecha determinada. Algunos habitantes se marcharon, pero otros no creyeron la advertencia y se quedaron. El día indicado, aparecieron las excavadoras, y en menos de una hora ya no quedaba nada en aquel pueblo. Había desaparecido.

Esa noche Katia besó las cabezas de Kevin y Nicholas, ambos dormían aún en cunas, y se fue a la cama. Más tarde, yo salí de mi oficina y también me fui a la cama. Durante la noche, algo me despertó. Me senté en la cama y escuché. No oí nada, pero algo no iba bien. Me acerqué a la puerta del dormitorio y encendí la luz. Justo encima de mi cabeza, caminando por la repisa de un listón sobre la puerta, había una rata gigante. No exagero: desde el hocico hasta la punta de la cola, no medía menos de medio metro.

Katia se giró y me preguntó somnolienta por qué estaba encendida la luz. Le dije que mirara a la puerta. Gritó. La rata cayó al suelo y desapareció por el pasillo. Katia me gritó que cerrara la puerta del cuarto de los chicos. Cerré apresuradamente su puerta y también la del tercer dormitorio. Tomé la gran tapa de cristal de una mesita y la coloqué en la abertura de la puerta de nuestro dormitorio, impidiendo que la rata volviera a entrar en nuestro dormitorio, donde Katia se había escondido y desde donde me gritaba para darme ánimos. Luego fui a la cocina a buscar una escoba y me aseguré de que la puerta del cuarto de baño estuviera abierta. Estaba listo para luchar.

Encontré a la rata en mi oficina y la saqué de allí, a través de la sala de estar y hacia el pasillo que llevaba a los dormitorios. Golpeé la escoba contra el suelo para asustarla. La rata aceleró el paso y se dirigió hacia nuestra habitación. Chocó contra el cristal invisible de la mesa que yo había colocado en la puerta. Perdió el sentido lo suficiente para que yo la atrapara y la obligara a entrar en el pequeño cuarto de baño que hay entre los dormitorios. Salté detrás de él y cerré la puerta. Estábamos solos los dos, mano a mano, en un cuarto de baño minúsculo. Katia me animaba a gritos desde una distancia segura. La escoba era demasiado larga para balancearla correctamente, pero pude usarla con la eficacia suficiente para fulminar a la rata. Tomé el recogedor y lo arrojé por encima de la pared. Mañana me encargaría de la rata.

Katia y yo pensábamos que la rata venía del barrio pobre destruido. Ahora las ratas que habían vivido allí también se habían quedado sin hogar. La noche siguiente, tuve que lidiar con dos ratas más y, a lo largo de una semana, tuve que luchar cada noche con más ratas... pero luego se acabó. Las ratas se habían marchado y probablemente habían encontrado un nuevo hogar en otra parte. Nuestras vidas volvieron a la normalidad.

El Vudú vs. Espiritismo de Mesa Blanca

Todo el que vivía en Brasil tenía que conocer el vudú porque era una práctica habitual. Antes de mudarme a Brasil, lo único que sabía del vudú era lo que había visto en las películas, pero no mucho. En Brasil, el vudú se llamaba *Macumba*, y el sacerdote *Macumba* se llamaba *macumbeiro*. La *macumba* se utilizaba para comunicarse con los espíritus, normalmente para provocar malos resultados a una o más personas. Al macumbeiro no le importaba. Tanto si le pedían que hiciera el bien como el mal, el *macumbeiro* se limitaba a hacerlo por un precio. El cliente siempre tenía que pagar por los servicios del *macumbeiro*.

También existía otra forma de espiritismo: la Mesa Blanca. Esta rama del espiritismo era muy diferente de la macumba. En primer lugar, se llamaba así porque el anfitrión se sentaba a una pequeña mesa cubierta con un paño blanco y una Biblia a un lado. Los espiritistas de Mesa Blanca nunca hacían nada que pudiera causar daño o angustia a una persona, y nunca cobraban por sus servicios. Creían que su don de comunicación con los espíritus era un don otorgado por Dios; por lo tanto, debían compartirlo gratuitamente con cualquiera que lo necesitara.

En Brasil, el Espiritismo (Mesa Blanca) era una religión oficial. De hecho, aunque el 92% de los brasileños eran católicos, el 44% eran espiritistas. Te preguntarás cómo era posible. Se lo pregunté a una persona que decía ser miembro de ambas religiones, y me dijo: "Está claro que soy católico, pero ¿y si llega mi hora y estoy a las puertas del cielo y descubro que Dios no es católico, sino espiritista? Por eso yo también soy espiritista, porque seguro que Dios puede ser uno u otro". Cuando tenía problemas con ECONSULT, Vania, la hermana de Katia, me propuso que la acompañáramos a una sesión de Mesa Blanca. Yo estaba poco dispuesto, pero tenía curiosidad. Acepté ir. Vania, por experiencias anteriores, sabía que debíamos llevar una botella de aguardiente y un puro barato. Fuimos a casa del practicante con las cosas que compramos. Una señora de unos sesenta años y pelo blanco nos recibió en la puerta. Su casa estaba muy ordenada, con muchos símbolos religiosos en los muebles y las paredes. Nos hizo pasar a su cuarto de trabajo, donde había una mesa de cartas. Estaba cubierta con un mantel blanco y en una esquina había una Biblia.

Vania nos presentó a Katia y a mí. Fue muy amable. Después de saber que era nuestra primera experiencia en la Mesa Blanca, nos explicó lo que estaba a punto de suceder. Nos explicó que el espíritu se comunicaba a través de ella, pero que cuando terminara la sesión no recordaría nada de lo que se había hablado.

Nos tomamos de las manos mientras ella rezaba. Después de la oración, bajó la cabeza y murmuró palabras que no pude oír. Estaba llamando al espíritu con el que prefería hablar. Era un antiguo esclavo africano de principios del siglo XIX. Cuando aparecía, siempre pedía alcohol "aguardiente" de caña de azúcar y cigarros del tabaco más fuerte que se haya producido jamás. Cuando era esclavo, era lo mejor que podía esperar. El espíritu se llamaba Preto Velho (que significa "viejo negro").

Cuando llegó su espíritu, el cuerpo de nuestra anfitriona saltó como si alguien la hubiera golpeado muy fuerte en la espalda o como si hubiera recibido una gran descarga eléctrica. Ella siguió mirando hacia abajo con los ojos cerrados. No tenía ni idea de lo que estaba pasando. Supimos que el espíritu de Preto Velho tenía el control cuando nuestro anfitrión rio como un anciano feliz a punto de recibir un regalo. El espíritu, que ocupaba el cuerpo de nuestro anfitrión, pidió inmediatamente su aguardiente y su puro. Tomó grandes tragos de aguardiente, se mojó los labios e inhaló una gran calada del puro. En un par de minutos, la habitación se llenó de humo. Abrimos todas las ventanas. Creo que debo decir que nuestro anfitrión nunca fumaba ni bebía alcohol.

Después de que Vania hablara de sus asuntos con Preto Velho, él hizo una pausa, y luego dijo con conocimiento que yo tenía preguntas que quería hacerle. Me dijo que no tuviera miedo, que le preguntara lo que quisiera. Sus respuestas eran a menudo divertidas, pero acertadas. Era un hombre sociable, al que me habría encantado conocer en el mundo físico y llamarlo amigo.

De repente, dijo que alguien más lo estaba llamando y que tenía que irse. En un par de segundos, el cuerpo de nuestro anfitrión se movió de un lado a otro y desapareció. La mujer necesitaba tres o cuatro minutos para recomponerse y volver a la normalidad. Pero mientras tanto, tuvimos que vaciar y esconder el cenicero y la botella de aguardiente. Teníamos que intentar dispersar el humo. No tenía ni idea de que consumía alcohol y fumaba un puro cada vez que venía Preto Velho.

Cuando pudo volver a ubicarse, nos preguntó qué había ocurrido. No mostraba signos de haber consumido una cantidad tan grande de alcohol fuerte, y no tenía ni idea de los restos de humo que debería haber tenido en la boca, pero no era así. Esperamos y dejamos que Vania hablara porque no sabíamos qué podíamos decir y qué no. Después de que nuestra anfitriona rezara otra oración, le dimos las gracias por su generosidad y nos retiramos.

Hacer las Cosas en el Nordeste de Brasil

Los brasileños, por lo menos los *nordestinos*, jamás negociaban con un desconocido. Ese desconocido era yo. Siempre negociaban con familiares o amigos, aunque el precio que ofreciera el desconocido fuera más favorable. En el nordeste de Brasil, podías confiar en la familia y los amigos, pero en nadie más. Los amigos no se forjaban de la noche a la mañana. Se necesitaban años, tal vez décadas, para establecer amistades, y unos cuantos matrimonios en algún momento también podían ayudar.

Los economistas, sobre todo los expertos en marketing, no comprenderían la economía *nordestina*, en la que la gente paga más por algo aunque otra persona se lo ofrezca más barato. La mayoría de los economistas considerarían al *nordestino* como un ser irracional. Sin embargo, después de vivir en este extraño entorno durante años, empecé a entenderlo.

En una ocasión visité un negocio y me pareció que estaba dispuesto a comprar una computadora. Los propietarios me pidieron que les hiciera una propuesta y me dijeron que podíamos hablar. Volví a mi oficina y preparé la propuesta, que dejé encima de mi mesa porque esperaba volver a la empresa para presentarla esa misma tarde.

Tan pronto la imprimí, un joven entró en mi oficina, se sentó en la esquina de mi mesa y empezó a dar vueltas a la propuesta. Lo había visto por Natal. Ganaba dinero haciendo favores a amigos, pero no tenía trabajo. Su familia era de clase media, aunque él se consideraba de clase alta. Su aspecto era el de un recién salido de las pistas de tenis del club de campo. Debería haberle quitado la propuesta de la mano. Era evidente que estaba leyendo lo que ponía. De repente me dijo que si le pagaba una comisión del 10% cerraría el trato. Me negué a su petición, diciéndole que no era un empleado y que no representaba a mi empresa sin serlo. Me dijo que hablaría con el propietario de la empresa y "me arruinaría el negocio" para que yo nunca pudiera vender nada allí. Esto me molestó, así que le dije que hiciera lo que quisiera. Y lo hizo. No pude volver a pasar de la recepción de ese negocio. No sé lo que les dijo, pero lo hizo. Nunca más le permití entrar en mi oficina.

Hacer negocios en Natal era complicado de una manera que un estadounidense jamás podría imaginar. Por ejemplo, cuando tuve que sacarme el carné de conducir, me dijeron que fuera a una oficina del gobierno entre las 10.00 y las 12.00 y que hiciera cola, y eso sólo los martes y los jueves. Llegué a las 10 de la mañana y había una larga cola. A mediodía, todavía estaba a unas cuantas personas de distancia del mostrador, pero exactamente a las doce del mediodía, el empleado del mostrador colocó un cartel de "cerrado" sobre el mostrador. Sin ninguna explicación, se dio la vuelta y se marchó, dejando a mucha gente disgustada en la cola. Aprendí a llegar antes de las 8 de la mañana para poder llegar al mostrador antes del mediodía. Estaba contento cuando llegué al principio de la cola antes de la hora del cierre. Pero el empleado del mostrador me dijo que tenía que rellenar un formulario antes de poder solicitar el permiso de conducir. Me explicó, con gran pena, que no tenían el formulario en esa oficina y que podía encontrarlo en una librería. Fui a tres librerías antes de que me informaran de que sólo había una librería en la ciudad que tenía el formulario. Estaba al otro lado de la ciudad. Cuando encontré esta librería, el empleado me informó de que el formulario se había agotado, pero que la semana que viene lo tendrían disponible. Mostró una gran compasión antes de dirigirse a ayudar a otra persona.

Volví a la librería dos veces la semana siguiente, pero en ninguna de las dos ocasiones tenían el formulario necesario. La tercera vez me enteré de que el impreso había llegado, pero, por desgracia, no podía pagarlo allí. Tuve que pagarlo en una sucursal bancaria específica situada en otra parte de la ciudad. Me costó encontrarla. Me sorprendió que sólo tuviera que hacer cola, pagar y recibir el recibo, cosa que hice sin problemas. Volví a la librería y me enteré de que alguien tenía que sellar el recibo en otra oficina situada en otro rincón de la ciudad. Sólo tardé un día más en conseguir el sello. Con el recibo en regla, recibí el formulario sin problemas. El martes siguiente, estaba en la cola a las 8.00. Cuando llegué al mostrador, poco antes del mediodía, me informaron de que, por desgracia, el director se había ido inesperadamente y sólo él podía firmar un documento que yo necesitaba. El empleado del mostrador me recomendó, con evidente satisfacción, que volviera a una hora más apropiada. Tomó el cartel de "cerrado", lo pegó al mostrador y desapareció por una puerta.

Entonces le comenté mis problemas a Seu José. Él se ofreció a llevarme a la oficina después de comer. Le recordé que sólo abrían entre las 10.00 y las 12.00 los martes y los jueves. Sonrió y me dijo que no me preocupara. Puede que encontrara un *jeito* para resolver mi problema. El *jeito* era muy importante. Era necesario tenerlo para lograr cosas, pero no se podía comprar. Era más importante que el dinero y mucho más difícil de conseguir. Aquel martes por la tarde, Seu José me acompañó con confianza a la oficina del gobierno. Sonrió y habló con familiaridad a todo el mundo mientras se dirigía directamente al mostrador, aunque todavía había cola para otra cosa. Miró a través de una puerta abierta hacia la oficina del director. El director lo vio y le hizo señas para que entrara. Dimos la vuelta y pasamos por detrás del mostrador a través de la puerta del director para estrecharnos las manos. El director preguntó qué necesitaba Seu José. Le dijo que necesitaba el carnet de conducir, pero que había tenido algunos problemas en el proceso. El director se disculpó por todas las dificultades que tuve y llamó a un empleado para que viniera a traerle el formulario. El empleado apareció en la puerta con un formulario. El director me entregó el formulario y me pidió que lo rellenara. Incluso me dio su bolígrafo personal para que lo utilizara. En cinco minutos tenía mi carné de conducir. Eso era *jeito*. Seu José lo tenía porque había cultivado cuidadosamente muchas amistades durante las décadas que vivió en Natal. Ayudó a mucha gente con problemas y nunca cobró por sus servicios. El pago llegaba más tarde, cuando necesitara un favor, como ahora. Así sobrevivía un *nordestino*. Hacía amigos y los conservaba haciendo favores cuando se los pedían. Nunca había que pedir un favor por cosas sin importancia. Era un desperdicio. Seu José acababa de cobrar uno de sus favores por mi carnet de conducir. Nadie llevaba la cuenta verbalmente, pero todos sabían el resultado. Nunca se hablaba del asunto, pero siempre quedaba claro cuándo se debía un nuevo favor y cuándo se había cobrado uno antiguo. Seu José hacía esto por mí porque yo era su yerno. Yo era de la familia.

A pesar de no tener *jeito* personal, me ganaba la vida modestamente ayudando a los grandes agricultores a calcular sus costos de producción y elaborando presupuestos para ellos. La mayor parte de mis ingresos venían de mi serie de clases de informática. Siempre terminábamos unas clases y empezábamos otras. Siempre se llenaban al máximo.

En la ciudad aún no había nadie que diera clases de informática. La vida iba bien durante unos meses, pero un día terminaba una clase y nadie se apuntaba a otra. Luego terminó otra clase y, de nuevo, nadie se apuntó a otra. Finalmente, todas las clases terminaron, y yo no tenía ingresos ni reservas de efectivo, ya que en ese momento, había abandonado el empleo de CEPA, me encontraba en dificultades.

Llevaba años en una situación difícil. El problema de vivir al límite es que a veces hay caídas. Estaba preocupado y no sabía qué hacer. Pasar de sobrevivir a no sobrevivir fue rápido y doloroso. Nunca me había planteado que esto pudiera ocurrirme a mí. No lo entendía. Vivía en un país extranjero y no tenía a nadie a quien pedir dinero. Mi suegro tenía una pequeña cantidad de *jeito*, pero era un hombre sencillo con recursos financieros limitados. No podía salvarme con dinero. Era un momento crítico en mi vida. Tenía que encontrar una salida, y rápido. No podía involucrar a la familia de Katia en un problema que no era suyo.

En Nebraska, la vida era más fácil. Mi banquero era hijo del banquero de mi padre y nieto del banquero de mi abuelo. Había una relación de igualdad. Cuando el banquero me prestaba dinero, sabía que mi padre y mi abuelo nunca habían dejado de devolver un préstamo; por lo tanto, le resultaba más fácil concedérmelo. En Natal, yo era un extranjero sin capital ni patrimonio, y ni siquiera la reputación de mi suegro me ayudaba a obtener préstamos. Además, los préstamos a corto plazo costaban entre el 20% y el 24% al mes, mientras que la inflación se situaba entre el 10% y el 15% mensual. El interés no resultaba favorable.

Una noche, era ya tarde y la tienda estaba cerrada. Estaba en mi oficina, intentando encontrar una solución, y finalmente decidí irme a casa. En ese momento, mi vigilante nocturno llegaba para hacer su guardia. Necesitábamos un vigilante nocturno porque no podíamos dejar nuestras computadoras y artículos electrónicos al alcance de los ladrones. En lugar de ir a su habitación, se acercó a mí. Era un hombre sencillo que venía de un pueblo rural. No se sentía cómodo hablando con personas que no fueran de su clase social, pero yo siempre había sido bueno con él y siempre le había hablado amablemente. Tenía la mirada puesta en sus pies cuando hablaba. Me dijo: "Perdone, señor Lynn, pero he visto que no hay más clases. ¿Ya no ofrece más clases de informática?".

Le expliqué lo que había ocurrido. Me escuchó, pero me dio la impresión de que ya sabía lo que ocurría antes de recurrir a mí. Se miró de nuevo los pies e hizo una pausa antes de sugerir que podría tratarse de una "trabajo". No tenía ni idea de lo que quería decir. Mi portugués era excelente, así que entendí las palabras que había dicho literalmente, pero no su significado. Le pedí que me lo explicara. Dijo que tenía que tratarse de un "trabajo", un hechizo, una maldición que me había echado alguien a quien no le gustaba o que me tenía envidia.

Cómo Contrarrestar un Hechizo de Macumba

El vigilante nocturno me dijo que conocía a alguien que podía quitar el hechizo. Le dije que conocíamos a alguien que trabajaba con la Mesa Blanca y que podía encargarse del asunto. Pidió perdón, pero aseguró que la magia de la Mesa Blanca no era lo bastante poderosa para vencer a la magia de *Macumba*. Dijo: "Señor, no se puede ser justo en una lucha desigual y esperar ganar". Y continuó: "Hace falta una *macumbeira* muy poderosa para vencer a la magia de *Macumba*". Me dijo que la sacerdotisa que conocía era muy poderosa y podría encargarse del trabajo. Le dije que pidiera cita. No podía aguantar otra semana sin clases de informática.

Al día siguiente, Katia, el vigilante nocturno, y yo fuimos dos horas en auto hasta un pueblecito situado junto a la autopista. Salimos de la autopista por una carretera empedrada con una pendiente pronunciada. La carretera estaba llena de agujeros debido a los adoquines que se habían desprendido durante las fuertes lluvias. Fuimos cuesta abajo hacia el pueblo, avanzando despacio para no golpear la parte inferior de nuestro Chevette, un auto que acababa de comprar, contra los adoquines cada vez que un neumático caía en un agujero. Tras un par de cuadras, el adoquinado cesó y continuó la arcilla seca, también con profundos baches dejados por las últimas lluvias. Al final del pueblo, giramos a la izquierda. No había casas a nuestra derecha. A mitad de cuadra, había una gran entrada abierta a una zona delimitada por un muro de ladrillos de adobe de dos metros de altura.

Paramos cerca de la entrada y continuamos a pie. No había nadie dentro. Había un gran espacio abierto cubierto con un techo de ramas de palmera. En dos de sus lados había bancos para sentarse, como en un auditorio. Al rato llegó la sacerdotisa y nos dijo que había gente preparándose. Un par de hombres entraron con pequeños tambores y los colocaron cerca de un banco. Empezaron a aparecer señoras. Iban vestidas como bahianas: mujeres negras del estado de Bahía vestidas igual que las mujeres de hace 150 años. Cada mujer llevaba un pañuelo alrededor del pelo, una blusa blanca y una falda con muchas capas, parecida a las faldas que se usaban en los bailes de plaza de Estados Unidos.

Empezaron a sonar los tambores marcando un ritmo muy contagioso. Una a una, las mujeres formaron una fila y empezaron a bailar en un gran círculo. Giraron y giraron en un amplio círculo y levantaron los brazos. Dentro del círculo había marcas de tiza en el suelo de cemento. De repente, una mujer se tira al suelo y empieza a dar vueltas como un pez en tierra firme. Un par de mujeres se quedaron con ella para evitar que se hiciera daño y después otra mujer se tiró al suelo y las demás se quedaron con ellas. La sacerdotisa se acercó a cada mujer y le habló en voz baja hasta que pudo levantarse y bailar de nuevo.

Nuestro vigilante nocturno nos explicó que unos espíritus oscuros habían llegado sin invitación y habían poseído a las bailarinas. La sacerdotisa expulsaba a estos visitantes indeseados lo antes posible, pero no siempre querían marcharse. Las mujeres siguieron bailando hasta que pudieron atraer al espíritu que querían para esta tarea. Después de más de media hora, el vigilante nocturno nos dijo a Katia y a mí que creía que habían contactado con el espíritu que querían. En ese momento, alguien apareció con dos o tres pollos negros. La sacerdotisa los degolló y vertió su sangre en un recipiente. Después, se esparció por el suelo, formando dibujos en el cemento. Mientras la sacerdotisa hacía sus cosas, las otras mujeres seguían bailando en círculo y cantando. Katia y yo estábamos sorprendidos. No teníamos ni idea de lo que iba a ocurrir. Estábamos muy incómodos. De repente, la ceremonia terminó. La sacerdotisa se acercó a nosotros. Nos dijo que su trabajo había sido un éxito.

Nos dijo que teníamos que "barrer [nuestro] tejado, todos los días". Nuestro vigilante nocturno nos dijo que sabía lo que había que hacer. Nos dijo que en algún lugar de nuestra casa, probablemente en la esquina extrema derecha, encontraríamos cinco monedas enterradas verticalmente. Teníamos que encontrarlas y extraerlas cuidadosamente sin tocarlas. Había que colocarlas en un tarro de cristal y cubrirlas de orina de rana. El tarro debía taparse y enterrarse de una manera especial. Nuestro vigilante nocturno nos aseguró que sabía lo que se necesitaba. Debo decir que esta sencilla sacerdotisa nunca había estado en Natal y no tenía ni idea de a qué nos dedicábamos ni de cómo era nuestra tienda.

Le pagamos y nos dirigimos a casa. Una vez de vuelta en Natal, conduje hasta ECONSULT. Empezamos a buscar en la cocina, que estaba situada en el extremo derecho de la casa. Debajo del fregadero había un suelo de hormigón, pero de dos tonos. Al parecer, una parte del hormigón se había roto y luego se había vuelto a colocar, aunque probablemente esto había ocurrido hace algún tiempo, ya que el hormigón no era nuevo. Tomé un martillo y empecé a golpear. Encontré cinco monedas, cada una colocada en posición vertical. El vigilante nocturno se hizo cargo y se deshizo de estas monedas tal y como le había pedido la sacerdotisa. No tengo ni idea de cómo encontró la orina de rana. Prefiero no pensar en eso.

Al día siguiente, muy temprano, subí al tejado y encontré al menos seis paquetes pequeños envueltos en plástico. Dentro del plástico había cabezas de pollo y otros huesos de ave. Los quemamos. Los habían colocado en el tejado, sobre la entrada principal de ECONSULT y sobre la puerta que llevaba a nuestra aula de programación informática. El vigilante nocturno, nuestro intérprete, nos contó que esto se había hecho para producir el efecto más fuerte en la puerta y mantener a la gente fuera del ECONSULT.

Esa misma tarde, la gente empezó a venir y a llamar para preguntar cuándo empezaría nuestra próxima clase. En un par de semanas, nuestras clases de programación volvieron a la normalidad. Tuve que seguir barriendo el tejado y encontré allí nuevos hechizos casi a diario, pero ninguno tuvo ninguna repercusión en nuestro negocio. Esto no significaba que mi enemigo no estuviera decidido. La temporada de lluvias había comenzado, y un día que llovía mucho, se produjo una gotera en mi oficina, que cayó del techo sobre mi computadora. Tuve que mover el escritorio para protegerla. Tomé una escalera, subí al tejado y me llevé una teja de arcilla de repuesto. Encontré la teja rota y la retiré. Antes de que pudiera volver a colocarla, mis ojos vieron algo dentro del tejado. Era otra cabeza de pollo. Mi enemigo subió a mi oficina, retiró una teja e introdujo un paquete de cabezas de pollo en mi tejado. Si se hubiera dado cuenta de que había roto una teja, quizá no hubiera podido descubrirla. Al cabo de unas semanas, disminuyó el número de hechizos hasta que dejaron de producirse.

Cómo Utilizar Caramelos por Dinero en el Supermercado

Cada vez que iba al supermercado, nunca me daban correctamente el cambio. Si la diferencia entre el dinero que había pagado y la cuenta era inferior a un dólar, en lugar de darme el cambio exacto, la cajera tomaba una bolsa de caramelos envueltos individualmente, vertía unos cuantos sobre el mostrador y daba por terminado el asunto. Todos los brasileños aceptaban la situación. Yo no. Eso me molestaba. Los cajeros ni siquiera me preguntaban si me gustaba ese caramelo o si había otro que me gustara más. Nunca me preguntaron si aceptaba que me dieran caramelos a cambio de dinero. Se suponía que debía aceptarlo y seguir adelante. El supermercado era un gran negocio que debía tener una forma de dar el cambio exacto. Podía atender fácilmente a varios miles de clientes al día. Ganaba dinero con aquel juego.

El siguiente día después de uno de estos sucesos, compré una bolsa de caramelos envueltos individualmente en otro sitio y llené todos mis bolsillos con ellos. Volví a entrar en el supermercado y tomé una lata de Coca-Cola. Me dirigí a la cola para esperar mi turno con la cajera. Cuando llegó mi turno, puse la Coca-Cola sobre la mesa, saqué unos cuantos caramelos de los bolsillos y los tiré sobre el mostrador, tomé mi Coca-Cola y empecé a salir. Al principio, la cajera no lo entendió y se quedó muda. Luego entendió y gritó. Todo el mundo empezó a mirarnos. Me preguntó qué estaba haciendo. Le dije que acababa de pagar mi Coca-Cola con caramelos. Me dijo que eso era ridículo porque los caramelos no eran dinero. En ese momento, un par de guardias de seguridad me observaban y la gente que estaba detrás de mí comenzó a apoyar al supermercado y a gritarme por retrasar la compra. Pregunté a la cajera si daba caramelos cuando no tenía cambio exacto. Me dijo que sí. Le dije que los caramelos eran dinero porque la tienda los utilizaba como tal. Ahora había llegado la alta dirección y le repetí mi argumento. Se quedó perplejo y no supo qué hacer. Yo lo estaba disfrutando porque le estaba dando la razón a todo el mundo menos a mis compañeros de la tienda.

Al final, para evitar que otros compradores del supermercado me colgaran de las vigas, tomé mis caramelos y pagué en efectivo. La cajera tuvo que pedir dinero prestado a una cajera vecina para poder devolverme el cambio exacto. No quiso tentar a la suerte y darme caramelos en lugar de cambio. Me fui. Mi trabajo estaba hecho. Tenía que hacerlo. Era tan fácil crear un escándalo.

Otra Visita a la Mesa Blanca

K y yo nos sentíamos mal. Decidimos que teníamos que visitar a Preto Velho. Acordamos la cita y compramos el puro necesario y una botella de aguardiente.

Cuando apareció Preto Velho, le encendimos el puro y abrimos la botella de aguardiente. Después de darle un par de caladas al puro y un par de sorbos al aguardiente, se puso manos a la obra. Me preguntó qué quería. Le dije que extrañaba a mi familia y me preguntaba qué estarían haciendo. Me dijo que eligiera a una persona y centrara mi mente en ella. Pensé en mi madre. Tras unos segundos de silencio, me dijo que estaba en la cocina y que quizá le dolía la cabeza. Estaba sentada en una mesa extraña (nuestra mesa tenía un gran lazy Susan en el centro), y tenía una taza de algo, que estaba removiendo con una cuchara (mamá era bebedora de té). Con la otra mano se agarraba la cabeza, como si le doliera. Preto Velho dijo que se iba de allí porque no entendía nada de lo que decían. Decía que hablaban raro (en inglés).

Preto Velho me dijo que en una vida anterior había sido granjero en Irlanda. Pues bien, no me lo esperaba. Como de costumbre, tuvo que marcharse de repente para atender a otro cliente, pero me sentí mejor.

Basura en Nuestro Terreno

Cuando compramos nuestra casa, también compramos el terreno de al lado. Creíamos que más adelante necesitaríamos más espacio. Por el momento, lo dejamos como estaba: un terreno vacío sin la protección de un muro exterior.

La calle de al lado estaba llena de casas. En la esquina más lejana, situada en un terreno doble, había una gran casa de dos plantas propiedad de uno de los abogados más importantes de Natal. Sentada en el porche, vi salir de la casa a una criada con una bolsa de basura en la cabeza. Tuve un mal presentimiento. La vi caminar en dirección a nuestra propiedad y pude ver cómo la bolsa de plástico subía y bajaba por encima de nuestro muro exterior. Ella desapareció, sólo para reaparecer unos segundos más tarde sin la basura en la cabeza.

Supe lo que había hecho. Salí corriendo y vi su basura en nuestro terreno vacío. La seguí hasta su casa, llamé a la puerta y pedí a los ocupantes que sacaran la basura de mi terreno. No lo hicieron.

Pasado un buen rato, volví a llamar a la puerta. La criada la abrió sólo unos centímetros y no dijo nada antes de cerrar la puerta. Hice el "oh de casa" y aplaudí fuerte tres veces. Esto alertó a los que estaban dentro de que yo estaba fuera y me dirigía a ellos. Les dije que sacaran su basura de mi terreno, o toda mi basura sería arrojada por encima de su muro de dos metros sobre su hermosa propiedad. Les dije que podían contar con ello si no retiraban toda la basura que habían tirado en mi propiedad. Al cabo de media hora, la criada hizo otro viaje a nuestro terreno y retiró la basura. Había aprendido muy pronto que en Brasil, si no te defendías, te pasaban por encima, excepto si llevaban ametralladoras. En ese caso, había que dejar que te pisotearan.

Mi Vecino con una Ametralladora

Ya habíamos vendido nuestra casa original y alquilado otra que estaba en una zona muy poblada, incluso las calles eran estrechas. Hacía calor, mucho calor, durante la temporada de sequía. Justo a la entrada de nuestro garaje había un bonito árbol que daba sombra y que había crecido en un agujero colocado con ese fin en la acera ubicada justo fuera del muro. Esto me permitía llegar a casa para comer y estacionar mi auto bajo la agradable sombra de nuestro árbol, sólo que de repente, no pude hacerlo. Nuestro vecino también vino a casa a comer y no tenía un buen árbol de sombra porque no lo había plantado. Utilizó mi árbol de sombra: estacionó su auto bajo mi sombra. Esto me pareció una grosería.

Aprendí a hacer frente a la gente en lugar de aceptar que me pisotearan o utilizaran. Cuando le comenté a Katia mi intención de vengarme, me dijo que le dejara en paz y estacionara al sol. Tenía un mal presentimiento sobre la naturaleza de nuestro vecino. Siempre escuchaba su intuición. Nunca se equivocaba.

Un día, vi llegar a nuestro vecino. Bajó del auto y recogió sus cosas antes de entrar a su casa. Entre sus cosas había un maletín y una ametralladora. Ahora entendía la advertencia de Katia. Empezamos a vigilar en secreto sus movimientos. Cada vez que entraba o salía de su auto, siempre llevaba una ametralladora bajo un brazo.

Unos meses más tarde, este vecino tuvo algunos problemas con la ley. Nos enteramos de que era propietario y director de un club de striptease en Natal y que había mandado matar a algunas personas que lo habían molestado. Por desgracia para él, las personas a las que había asesinado estaban muy bien relacionadas. Nuestro vecino se marchó para pasar varios años en la cárcel. Ahora tenía mi árbol de sombra, y lo había recuperado sin enfrentarme a mi vecino.

Problemas con los Empleados

Todas las empresas terminan teniendo problemas con sus empleados. Yo tenía un joven que se encargaba de mi contabilidad. No recuerdo por qué, pero fue necesario alejarlo del negocio. No aceptó bien la noticia. Me dijo que lo lamentaría y se marchó.

Cuando llegué a ECONSULT a las 8 de la mañana del día siguiente, me esperaban tres señores muy serios. Estaban allí para verificar que mis libros estuvieran al día y en orden. Uno de ellos representaba a la ciudad de Natal, otro al municipio de Natal y el tercero al estado de Rio Grande do Norte.

Les entregué todos nuestros libros para que los revisaran. Al cabo de un tiempo razonable, todos se dirigieron a mi oficina, donde, uno por uno, anunciaron que habían encontrado graves errores en mi contabilidad; sin embargo, cada uno dijo que si le daba una botella de Johnnie Walker, no me molestarían.

Si aceptaba lo que me pedían, podrían volver en otra ocasión y encontrar los mismos errores graves. Les dije que yo no pagaba sobornos. Si mis libros estaban mal, quería que me lo mostraran y yo los corregiría. Si tenía que pagar una multa, que me dieran una factura y la pagaría. Les dije que quería que mis libros estuvieran impecables. Todos se marcharon y nunca volvieron. Me pareció interesante que, por supuesta casualidad, cada uno había pedido una botella de whisky Johnnie Walker. También me pareció una coincidencia interesante que todos hubieran llegado el día después de que despidiera a mi contable.

Perseguido por una Scooter

Siempre regresaba a casa para comer. En este día lluvioso me desvié por la calle principal que pasaba por delante de mi casa. La calle era muy ancha porque era una calle principal, y no tenía cunetas que sirvieran. La gente utilizaba las zonas llanas de las cunetas como si fueran carriles adicionales. Podría haber tres carriles en cada dirección, salvo que era un camino de tierra con muchos baches. La gente no conducía en línea recta; a veces podían dar un brusco giro para esquivar un bache. Por eso no era prudente pasar cerca de ningún vehículo. Siempre era mejor dejar a los demás vehículos a un lado. Yo iba a una velocidad normal cuando mi rueda delantera derecha golpeó un bache lleno de agua. Un chorro de agua salió disparado del agujero. Por casualidad, un hombre en un scooter estaba a unos metros de ese neumático y quedó totalmente cubierto de agua y casi cae de su scooter. Me echó la culpa a mí. De hecho, una vez que recuperó el control de su scooter, empezó a perseguirme mientras me agitaba el puño. Con un hombre enfadado persiguiéndome, no podía girar hacia mi casa. Tenía que perderlo primero, así que seguí conduciendo. Estaba en la ciudad, así que tenía que tener cuidado o atropellaría a otro vehículo o a un peatón. Con semejantes limitaciones, no podía perderlo. De hecho, era diminuto, pero podía distinguirme entre una multitud a varias calles de distancia porque yo conducía una camioneta VW que llamaba la atención.

Lo único que podía hacer era evitar las calles con farolas y seguir conduciendo, con la esperanza de que se cansara. Cuando miré por el retrovisor y ya no vi a un hombrecillo mojado y enfadado en una scooter sacudiéndome el puño, giré la camioneta en dirección a casa.

Demandado por el Fiscal General de Río Grande do Norte

Conocí a un estadounidense que trabajaba en un proyecto de modernización de la flota pesquera de Natal. Él quería sustituir los trozos de madera flotantes que utilizaban una vela casera por barcos impulsados por diesel y vela. Estudié su plan para el proyecto y, en principio, me pareció interesante. Entonces me pidió que formara parte de la junta directiva de la organización. Lo hablé con Katia y me dijo que no había ningún problema. No pagaba nada y no parecía requerir ningún trabajo. Firmé.

Unas semanas más tarde, recibí una visita personal del fiscal general de Río Grande do Norte. El Estado me demandaba por alguna irregularidad en el proyecto. Intenté localizar a mi nuevo amigo, pero no estaba por ninguna parte. Se había fugado.

El fiscal general era todo un personaje. Era joven, de unos treinta años. Eso me decía que estaba muy bien relacionado y que tenía amigos poderosos. Vestía un traje impecable que parecía muy caro. Su corte de pelo parecía hecho esa misma mañana. Cuando me visitó -y no pude entender por qué lo hacía- insistió en sentarse en mi silla y hablarme a través de mi escritorio mientras yo me sentaba en una de las sillas de invitados. Aquel tipo no me caía bien.

Al final, todo encajó. Acababa de comprar una computadora a otra persona y necesitaba una unidad de disquete de cinco pulgadas. Había oído que yo tenía una. En aquella época era muy difícil conseguir muchos componentes informáticos, incluidas impresoras y unidades de disco. Le confirmé que tenía una. Me dijo que si se la daba y se la instalaba gratis, podría hacer desaparecer la demanda. Acepté el trato. No quería que este hombre volviera a mi tienda ni a mi oficina. Fue la única vez que pagué un soborno.

Mi Amigo Asesinado Fuera de un Club Nocturno

La familia de Katia era muy cercana a otra familia que tenía una hija casi de mi edad. Esta familia era muy importante y era amiga de todo el mundo, incluso de los que tenían opiniones políticamente opuestas.

La mayoría de la gente tenía que elegir un partido político y esperar que ganara en las elecciones, pero esta familia no tenía que preocuparse. Tenían amigos en todos los partidos políticos. No importaba quién ganara las elecciones; los miembros de esta familia seguirían teniendo excelentes empleos y podían obtener préstamos financieros. Sus vidas continuarían con normalidad y prosperarían. No había mucha gente en el Estado que pudiera disfrutar de esas comodidades.

La hija también fue mi jefa en CEPA. Además de trabajar en CEPA, era propietaria de un gran rancho. Ella había conseguido un importante préstamo financiero a un tipo de interés negativo (es decir, la inflación mensual era superior al tipo de interés). En teoría, estos préstamos estaban al alcance de todos, pero no era así. Sólo unos pocos privilegiados tenían alguna posibilidad de obtener uno, y ella era uno de ellos. Hacía barbacoas con el gobernador y quizá con el presidente y el vicepresidente de Brasil. Tenía contactos.

A ella y a su marido les gustaba descansar de su apretada agenda. Una noche fueron a una discoteca, la misma en la que Katia y yo nos habíamos conocido. Ella y su marido estaban bebiendo. Cada vez bebían más, bailaban más animadamente y a veces chocaban con otras personas. Como la gente estaba borracha, es probable que se cruzaran palabras. Seguramente, ella y su marido no redujeron la velocidad ni se disculparon porque nunca habían tenido que hacerlo. Probablemente molestaron a muchas personas que sólo querían pasar una noche agradable bailando.

Al salir del club, entraron en su auto y se dirigieron a casa. Otro vehículo les bloqueó el paso. Salieron hombres armados y tanto la mujer como su marido recibieron varios disparos. Ella murió en el acto y su marido necesitó años de fisioterapia, tras los cuales sólo pudo caminar con un bastón. El asesinato de ella y la agresión sufrida por él fueron crímenes que nunca se resolvieron.

En Brasil, hay que suponer que todo el mundo está armado y es capaz de vengarse. Así es, y así lo hacen.

Mudanza a São Paulo

Me cansé de no poder vender computadoras. Me cansé de no reparar computadoras. Me cansé de intentar alcanzar mis objetivos a pesar de las dificultades. Trabajaba muchas horas y no veía a mis hijos excepto los fines de semana. Siempre me iba a trabajar antes de que se despertaran y llegaba a casa por la noche después de que se habían ido a dormir. Cada vez tenía más problemas con los empleados y me daba cuenta de lo rápido que podíamos pasar de sobrevivir económicamente a una situación extrema. Había incorporado la empresa informática a ECONSULT para apoyar mi asesoramiento. Ahora no tenía tiempo para la consultoría porque estaba ocupado resolviendo problemas informáticos. Se lo conté a un amigo que dirigía la Algodoeira São Miguel.

Me invitó a una fiesta que organizaba. Había whisky y bocadillos. David también estaba invitado. El gerente me dijo que asistiría un hombre de una empresa de São Paulo que creaba software agrícola. También asistirían otros hombres, pero ya no recuerdo quiénes eran. Conocí a más de doce hombres en la fiesta y disfruté de nuestras conversaciones. Estuve agradecido con el gerente de Algodoeira por intentar ayudarme, pero no me veía más cerca de una solución que me permitiera moverme a un mercado más abierto a mis servicios.

No veía futuro en Natal. Era una región donde el futuro de uno dependía enteramente de quiénes eran tus amigos. Tu capacidad personal no influía en nada. Natal era una ciudad de casi un millón de habitantes, pero era propiedad de una o dos docenas de familias. Si no estabas conectado a esas familias, estabas solo. Yo estaba solo.

Mi conclusión era que cuando una persona empezaba a progresar, había cien personas allí para hundirla de nuevo. Esto podía ocurrir de muchas maneras. Se podían propagar rumores, y se propagaban muy rápidamente.

Muchas veces, negocios que eran seguros un día eran imposibles al día siguiente porque alguien había metido la mano y había acabado con el trato de alguna forma desconocida. Los profesores que contraté robaban el material de mis clases y empezaban sus propias clases aparte. No olvidemos tampoco el papel de los "hechizos". Estaba agotado de luchar en esas mismas guerras. Sólo quería volver a mi asesoría sin que nadie interfiriera en mis resultados.

Katia y yo estábamos incómodos. No queríamos dejar a nuestros amigos y familiares en Natal, pero sabíamos que allí no había futuro para nosotros. Decidimos saludar a nuestro amigo Preto Velho. Siempre nos sentíamos mejor después de hablar con él.

Como de costumbre, no hablaba en serio hasta que le había dado una calada al puro y unos tragos de aguardiente. Le expliqué nuestra situación. Me preguntó si había conocido gente nueva últimamente. Le dije que sí. Me pidió que me concentrara en una de ellas. Durante unos segundos me concentré. Me dijo: "No, ese no, el de detrás".

Cambié mi concentración al hombre que había conocido de São Paulo. Preto Velho confirmó: "¡Sí, ese es! Te ofrecerá trabajo en São Paulo dentro de unos días".

Debo admitir que me sentí mejor, pero no lo creí. Cuatro días después, el hombre de São Paulo me ofreció trabajo. Como parte de la oferta, la empresa pagaría nuestra mudanza en su totalidad. Acepté.

Buscando Casa en São Paulo

Lo primero que hice fue volar a São Paulo y buscar una casa. Mi nuevo jefe me dio las indicaciones para llegar a su empresa y tomé un taxi hasta allí.

Me enseñó mi nuevo escritorio y un mapa de São Paulo. Era mucho más grande que todo a lo que estaba acostumbrado y casi me hago encima al pensar en la tarea que tenía entre manos. En dos días tenía que encontrar un lugar adecuado para que viviera mi familia; tenía que ser una casa que nos pudiéramos permitir y en una ubicación que me permitiera llegar al trabajo en un tiempo razonable.

Mi jefe me enseñó las comunidades que eran demasiado caras para mi sueldo. Me mostró la distancia a la que debía empezar a buscar, porque cuanto más me alejara del centro de la ciudad, más bajarían los alquileres. Si me acercaba más de lo que me aconsejaba, no podría pagar la vivienda. Memoricé la distancia que tenía que recorrer en metro para poder bajarme a buscar vivienda. Le di las gracias y comencé mi viaje.

Encontré una parte del metro y viajé hasta el final antes de bajarme. Me pareció que iba a llover en cualquier momento. ¡Estupendo! ¿Y ahora qué hago? Caminé y caminé, buscando casas en alquiler. Anoté números y luego busqué una cabina telefónica. Una vez que encontraba una cabina telefónica, normalmente era imposible localizar a alguien en los números que aparecían en los carteles, y si lo conseguía, las casas no estaban disponibles hasta mucho más tarde, y eso no me ayudaba.

Seguí buscando. Me paré en otra estación de metro y empecé a hacer un pequeño círculo a su alrededor, buscando carteles de "se alquila". Pensé que seguiría ampliando el círculo hasta que encontrara una casa. Después de una o dos horas, encontré una. El cartel señalaba una calle empinada sin salida, que salía de una calle con tráfico moderado. Eso era perfecto porque no habría tráfico junto a esta casa. Faltaban muchos adoquines en la calle. Tenían aspecto de haber sido arrastrados por las fuertes lluvias. La pequeña calle sólo tenía unas pocas casas bonitas antes de llegar a un callejón sin salida. Al final de la calle había un muro de adobe de dos metros y medio con una puerta. Detrás de esa puerta había un barrio completamente diferente. Parecía que probablemente había empezado como un barrio de ocupantes ilegales y que con el tiempo se había legitimado. No había tráfico de vehículos porque no había calles, sólo aceras estrechas. Las casas estaban construidas una al lado de la otra, sin espacio entre ellas. A pocos metros de la puerta principal de un residente, a través de una estrecha acera, estaba la puerta principal de otro. A veces, los tejados de las casas de ambos lados de la calle casi se tocaban. Como esta gente humilde no tenía automóvil, no necesitaba dejar espacio para que lo ocuparan los demás. No había espacio desaprovechado.

La última casa a la derecha antes del muro era la casa de alquiler, y los propietarios vivían al lado. La casa era nueva. Tenía un garaje para dos vehículos cercado por gruesas rejas metálicas. La zona cerrada del garaje podía convertirse en un lugar agradable y seguro para que jugaran los niños. La casa era estrecha, quizá menos de cuatro metros de ancho. Dentro, el salón y el comedor tenían bonitos suelos de madera. Entre el salón y el comedor había medio cuarto de baño. Después del comedor estaba la cocina. No era grande, pero tampoco pequeña. Detrás de la cocina había un espacio para que viviera la criada y lavara la ropa a mano. Entre la cocina y el cuarto de la criada había un espacio libre para tender la ropa. Arriba había tres dormitorios y un cuarto de baño con ducha. Fuera de la habitación que sería nuestro dormitorio había un patio muy amplio desde el que podíamos ver São Paulo. Todos los suelos eran de baldosas, excepto los del salón y el comedor.

No perdí el tiempo. Hice que el dueño rellenara el contrato, lo firmé y pagué el primer mes de alquiler. Me sentí bien. Volví en metro al aeropuerto y tomé un vuelo a casa esa misma noche. Me sentí muy aliviado. Encontrar una casa en una ciudad tan grande era una tarea monumental.

La Navidad estaba cerca. A principios de diciembre les anuncié a nuestros empleados que cerrábamos la tienda. Les dije que cobrarían hasta finales de diciembre. Vendí el inventario y los activos. Estaba contento, pero nervioso.

Guardamos las pertenencias de nuestra casa en un camión. El camionero accedió a reunirse con nosotros en nuestro hotel de São Paulo a las 10 de la mañana del 28 de diciembre. Salimos de Natal el 27 de diciembre. A Kevin le faltaban días para cumplir cuatro años, a Nicholas le faltaban días para cumplir tres años y a Christianne le faltaban tres meses para cumplir un año. No fue un viaje fácil.

Nos alojamos en el hotel y pasamos la noche. Al día siguiente, nos fuimos y esperamos en el vestíbulo. A las 10 de la mañana llegó el conductor del camión. Nunca creí que fuera a llegar a tiempo. Por mi experiencia con la gente que siempre llega tarde en Latinoamérica, no esperaba que se presentara, y mucho menos que lo hiciera a tiempo. Fue un buen comienzo para una nueva vida.

Tomé un taxi y le di al conductor nuestra dirección. El camionero nos siguió. Tardamos un rato en llegar a la casa porque teníamos que asegurarnos de no separarnos en medio del denso tráfico o en los semáforos. Cuando llegamos al último desvío de la calle sin salida, le dije al taxista que parara y le enseñé la casa al camionero. Él tenía que retroceder por la calle. Tomé nuestras maletas y acompañé a Katia y a los niños a la casa mientras los de la mudanza empezaban a descargar las cajas. Tuve que quedarme en la puerta y llevarlos a las habitaciones correctas.

Los de la mudanza se fueron enseguida. Le enseñé la casa a Katia. Esperaba que estuviera tan emocionada como yo. Pero no lo estaba. No estaba triste, pero tampoco tan entusiasmada como yo. Confiaba en que el tiempo la hiciera cambiar de opinión.

Empecé a trabajar enseguida. Mi primera tarea fue comprobar la calidad de un programa informático de grandes inversiones agrícolas creado para ayudar a las grandes empresas a realizar grandes operaciones de inversión en agricultura. Por ejemplo, VW tenía una granja con cientos de miles de hectáreas. El Banco Safra tenía un rancho con más de trescientas mil hectáreas. Y había muchas más.

El gobierno financiaba este tipo de proyectos. Brasil tenía un programa en el que si una empresa compraba tierras sin desarrollar, la empresa podía pagar millones de dólares en sus impuestos normales o podía no pagar impuestos e invertir en el rancho de la empresa el dinero que de otro modo habría pagado al gobierno en impuestos. De este modo, en lugar de pagar impuestos, las empresas se convertían en propietarias de la tierra. Se trataba de un programa que favorecía totalmente a los ricos. Había docenas de proyectos de este tipo en todo Brasil. Cada proyecto valía millones de dólares. Este programa estaba dirigido a estas empresas.

Mi jefe trajo a un joven inglés a Brasil durante un año para desarrollar el programa. La empresa consideró que el programa estaba listo y lo enviaron a casa. El programa era fenomenal. Cuando llegué, solicité comprobar si tenía defectos antes de que se pusiera a la venta. Mi jefe me permitió probarlo con desgana. Le dije que era un programa caro destinado a unas pocas empresas. Si una de esas empresas compraba el programa y descubría problemas, comunicaría ese conocimiento a todas las demás que pudieran comprar el programa, y nuestra empresa dejaría de vender software.

El primer día de pruebas, descubrí un problema importante. Bajo una serie de circunstancias muy específicas, el programa explotaba y daba respuestas ridículas. Tras una semana de trabajo, aislé el problema en dos o tres líneas de programación. Las líneas parecían perfectas, pero no daban la respuesta correcta.

La empresa trajo al inglés de vuelta a São Paulo para resolver el problema. Al final, se trataba de una idiosincrasia del lenguaje BASIC de las computadoras Apple. Una línea situada en medio del programa había creado un problema. Una vez que la línea fue movida dentro de las primeras líneas de programación, el programa funcionó perfectamente. Eso era todo. Me limité a copiar, borrar y pegar una línea de código. Probablemente a la empresa le costó diez mil dólares descubrir y corregir el problema. Ahora la empresa tenía un producto caro listo para comercializar.

Enseguida supe que trabajar en esta oficina no iba a ser fácil. Había una programadora informática y una jefa de oficina. Ambas eran jóvenes y les encantaba hablar. Un problema era que la jefa era la amante de uno de los socios. Las dos pasaban mucho tiempo juntas chismeando. Yo estaba en el cubículo de al lado, intentando trabajar. Sus chismes incluían cosas sobre mí. Nunca entendí si no les importaba que yo oyera lo que decían o creían que yo no podía oírlas. Era desagradable, y no creía que quejarse sirviera de algo.

Dos Semanas en una Convención en Río de Janeiro

Se aproximaba una convención agrícola de dos semanas en el centro de convenciones de Río de Janeiro. Todas las empresas que tenían una relación remota con la agricultura habían adquirido espacio en el centro de convenciones, incluidos mis jefes. Gente relacionada con la agricultura de todo Brasil iba a estar allí. Era una excelente oportunidad para que nuestra empresa atrajera clientes. La empresa decidió enviarme a mí y contrató a otra persona no perteneciente a la empresa para que me acompañara.

Mis jefes tenían amigos que vivían en Copacabana, en un apartamento de dos habitaciones. Los amigos estaban dispuestos a subalquilar el apartamento a mis jefes durante esas dos semanas porque ellos estarían fuera del país. No me gustaba estar fuera de casa durante dos semanas, pero no tenía elección. Sin embargo, estaba entusiasmado con los contactos que podría hacer y las cosas que podría ver.

El centro de convenciones abría a las 10 de la mañana y cerraba a las 9 de la noche, y teníamos que estar allí durante los catorce días. La rutina se convirtió rápidamente en monotonía. Sólo unas pocas personas se acercaban a nuestro puesto. Intentamos venderles nuestro caro programa informático, pero el 99,9% de los visitantes no lo necesitaban. Traté de venderles consultoría con software de control de costos, que sería desarrollado por nuestra empresa, pero nadie estaba interesado. La gente no veía la necesidad de estos servicios. Probablemente pensaban que eran capaces de gestionar sus granjas o ranchos sin ayuda externa.

Mi socio y yo nos turnábamos para mantener el puesto. Uno se sentaba e intentaba no parecer aburrido mientras el otro exploraba los demás puestos. Había muchos puestos interesantes. Supe que nuestra empresa no estaba preparada para esta exposición. Necesitábamos tener más cosas listas para mostrar. Necesitábamos carteles que mostraran los beneficios del pastoreo rotativo o las ventajas de conocer el costo de producción. Los productores necesitaban medios para hacer predicciones de sus costos e ingresos. Me sentía frustrado. Tenía la impresión de que la empresa tenía que haberse percatado de la existencia de la exposición apenas un par de días antes de decidir enviarnos allí. No se había hecho ninguna planificación ni preparación.

Conseguí algunas tarjetas de visita, pero nadie se interesaba por nuestros servicios. Al final, lo único que quería era volver a casa. No tenía ganas de contarles a los dos propietarios que no habíamos logrado nada. Tenía la sensación de que pensarían que nuestra falta de ventas era culpa mía.

Abandonando la Compañía

Cuando regresé a la oficina y tuve que escuchar de nuevo chismes y sentir que me culpaban por la falta de ventas, me sentí insatisfecho en mi trabajo. Sentí que esta empresa se parecía a ECONSULT en que tenía muchos problemas, uno de los cuales era que no tenía fuerza de ventas. Creo que para eso me contrataron, para vender cosas, pero si me lo hubieran dicho claramente, podría haberles dicho que no iba a ser así. Yo no tenía experiencia en ventas. Descubrí que no tenían ingresos suficientes para mantener a su plantilla y que por eso estaban siempre al límite.

Uno de los jefes viajó por todo el mundo haciendo trabajos de consultoría para el Banco Mundial. Después de estar fuera un mes, pasaba por la oficina para terminar sus informes. Trabajaba día y noche. Hubiera podido vivir una buena vida si hubiera utilizado sus ingresos sólo para sí mismo. En lugar de eso, invirtió sus ganancias en una empresa que no tenía ninguna posibilidad de generar ingresos porque nadie vendía ni supervisaba a los trabajadores.

El otro jefe pasaba la mayor parte del tiempo en sus granjas, supervisando el trabajo allí. Esto dejaba nuestra oficina sin supervisión y en manos del director de la oficina. Yo sentía que la empresa estaba condenada al fracaso casi por las mismas razones por las que ECONSULT había fracasado como empresa informática.

Un día, una persona que conocí en la exposición me preguntó si estaba interesado en trabajar con él. La mayoría de los propietarios de haciendas vivían en la ciudad y tenían otros intereses empresariales. Consideraban sus haciendas como un pasatiempo ocasional. Sólo las visitaban de vez en cuando y tenían administradores a tiempo completo que se encargaban de las actividades cotidianas. Mi cliente no era así. Era un ganadero que vivía en uno de sus cinco haciendas y se ganaba la vida con la ganadería. Decidí dejar la empresa de software y trabajar directamente con este ganadero.

Quería que examinara sus pastos y su explotación para asesorarlo. Le sugerí que dividiera sus grandes pastos en potreros más pequeños y que utilizara el pastoreo rotativo. Me pareció que estaba pastoreando demasiado todos sus pastos. Eso era malo porque degradaba lentamente la hierba. Sus ingresos futuros dependían de la calidad de los pastos de este año. Le mostré dónde tenía que colocar las vallas eléctricas para el cercado cruzado. Debía colocar agua en lugares estratégicos para mantener al ganado cerca del agua pero disperso por la hierba.

Creé formularios de recopilación de datos para documentar cómo se movía el ganado de un pastizal a otro y de un potrero a otro. De este modo podía determinar en qué medida se pastoreaba cada potrero. A veces tenía que retirar animales para reducir la presión del pastoreo en determinados pastizales. A medida que la hierba entraba en la temporada de sequía, tenía que dejar todos los potreros con un crecimiento considerable de las hojas, porque el crecimiento de las raíces dependía del crecimiento de las hojas. La hierba sin un buen sistema radicular tenía menos probabilidades de sobrevivir a la temporada de sequía.

Este ganadero era muy amable. Me contó algunos de los problemas que tenía. Docenas, quizá cientos, de campesinos sin tierra acampaban a lo largo de la carretera que pasaba junto a sus pastizales y llegaba a la ciudad. Durante la temporada de sequía, solían intentar prender fuego a sus pastizales, aunque por lo general no causaban mucho daño porque habían pastoreado demasiado y no quedaba nada que quemar. También cortaban las vallas, lo que permitía que el ganado escapara a la carretera. Intentaban expulsarlo de la tierra para poder repartirla entre ellos.

Una vez que fui a visitarlo, me dijeron que se había ido. Yo le recordé a su mujer que ese mismo día habíamos acordado una cita. Su mujer me dijo: "Sí, pero los campesinos intentaron matarlo el otro día cuando iba en automóvil a la ciudad. Dispararon varias veces contra su camioneta. Le hicieron agujeros en la ventanilla trasera". Me aseguró que volvería en unos días, cuando las cosas se calmaran.

El Rancho de los Pollos

Una de las personas con las que hablé en la exposición de Río era copropietaria de una empresa que producía huevos, entre muchas otras cosas. Me dio su tarjeta. Lo llamé y le propuse una reunión para explicarle lo que podía hacer por él. Me invitó a su rancho para que conociera a los otros tres propietarios y visitara sus empresas. Su historia era complicada. Dos hermanas habían adquirido la propiedad de esta gran explotación cuando sus padres murieron trágicamente en un accidente automovilístico. Una de ellas, de veinticuatro años y soltera en aquel momento, era veterinaria. La otra, de veintidós años y soltera en aquel momento, era economista. Juntas poseían 160.000 gallinas ponedoras, 2.000 cabezas de ganado, un pequeño sistema de producción porcina, una empresa de transportes y cinco ranchos que producían café, maíz, frijoles negros y soja. A los pocos meses de recibir estos activos, ellas ya habían encontrado marido. Uno había sido vendedor de productos veterinarios y el otro de cerveza.

Mientras viajaba durante cuatro horas, intenté pensar en cómo podría ayudarlas. Sin ver al grupo de empresas, no tenía ni idea. Pero sabía que a los pocos minutos de llegar me pedirían que les explicara cómo podía servirles de ayuda. Tendría que desviar esa pregunta hasta más tarde.

Cuando llegué, me hicieron pasar a su oficina. Era una habitación muy grande, sin divisiones, y en ella trabajaban entre seis y ocho empleados. Me enteré de que tenían casi doscientos empleados en total. Me ofrecieron una pequeña taza de café dulce y cada uno de ellos tomó una. Antes de poder terminarme el café, ya me estaban preguntando cómo podía serles de ayuda. Les pregunté si podía abstenerme de responder a esa pregunta hasta que hubiera visto toda la operación. La explotación de huevos constaba de dieciocho lotes de 10.000 aves, 160.000 de las cuales ponían huevos. Todos los lotes de gallinas llegaban juntos como pollitos y permanecían juntos hasta que eran enviados a las fábricas de sopa.

Vi que la empresa no tenía registros de producción individuales. Los registros de producción que tenían eran siempre para el conjunto de las 160.000 gallinas ponedoras. Memoricé eso.

Utilizaban su empresa de transportes para distribuir los huevos a sus compradores y para traer camiones cargados de maíz importado de Estados Unidos. Vi a un par de hombres moliendo maíz con otros ingredientes para hacer raciones alimenticias. En total tenían cinco o seis raciones diferentes para todas las edades de pollos y gallinas.

La explotación ganadera estaba en buenas condiciones. Los pastos no estaban sobreexplotados y los pastores sabían lo que hacían. Lo mismo ocurría con la producción de café y grano de la empresa.

Volvimos a reunirnos a última hora de la tarde. Entre mis planes estaba el siguiente: contar los huevos por tamaños de cada uno de los dieciséis lotes y crear una hoja de cálculo que permitiera a los propietarios predecir cuánto dinero e ingresos se generarían mes a mes durante la vida de cada lote. Para hacerlo, tendría que crear formularios de recopilación de datos y capacitar a la gente para rellenarlos correctamente.

Las gallinas ponían huevos que se clasificaban en uno de los cinco o seis tamaños diferentes, que iban del pequeño al gigante. Cada tamaño de huevo tenía su propio precio. Para predecir el flujo de caja, teníamos que predecir la distribución de los tamaños de los huevos. Afortunadamente, los tamaños de los huevos dependían de la edad y la raza de las gallinas y se podían predecir. Como cada uno de los dieciocho lotes tenía una edad de gallina diferente, cada lote contaba con una distribución esperada del tamaño de los huevos y un flujo de ingresos esperado diferente.

Las personas de la granja que recibían los huevos procedentes de cada lote se sintieron abrumadas cuando empezaron a llegar los huevos de los dieciocho lotes. Normalmente, simplemente los amontonaban y los procesaban a medida que iban llegando. Ahora se les pedía que amontonaran los huevos de cada uno de los dieciséis lotes por separado. Estaban más que descontentos, a punto de enfurecerse, pero con el tiempo aprendieron a manejarlo con bastante facilidad.

Estos datos se registraban diariamente en una hoja de cálculo. Cuando le enseñé al director de la oficina cómo funcionaba, detectó fácilmente un error en los datos en caso de que, por ejemplo, una caja de huevos que pertenecía al lote 16 se colocara en el lote 10 por error. Aquella capacidad de detectar rápidamente cualquier inconsistencia era una herramienta de gestión.

Cierta semana, el director de la oficina observó otra inconsistencia. Un lote de gallinas producía sólo la mitad de lo normal, de todos los tamaños de huevos. Se lo comunicó a la veterinaria. Visitó el edificio para investigar y se enteró de que las gallinas producían la mitad de sus huevos sin cáscara, y estos huevos se rompían al chocar contra la malla metálica del fondo de las jaulas. Los encargados de recoger los huevos nunca habían mencionado este hecho porque nadie se había preocupado antes de que ocurriera. Por lo visto, ya había ocurrido muchas veces.

La veterinaria tomó muestras de los alimentos cuando salían de la planta de trituración y cuando llegaban a los gallineros afectados. Este lote concreto de gallinas se encontraba a un kilómetro y medio de la instalación principal. El camino de tierra que conectaba ambos lugares estaba lleno de baches. La veterinaria comprobó que el alimento estaba en buen estado cuando salió de la fábrica pero que tenía carencias de micronutrientes cuando llegó a los gallineros. Llegó a la conclusión de que la carretera en mal estado había arrastrado todos los micronutrientes al fondo de la vagoneta y que los sinfines utilizados para vaciar la vagoneta no los habían recogido. Empezó a añadir los micronutrientes en el lugar de destino y el problema se resolvió.

Cada día que las gallinas ponían huevos sin cáscara costaba a la empresa de 250 a 500 dólares o más. Anteriormente, no se había detectado la pérdida de 5.000 huevos de un total de 160.000 huevos de todos los lotes. Pero ahora la pérdida de 5.000 huevos de 10.000 huevos de ese lote concreto requería atención. Era posible que la empresa sufriera decenas de miles de dólares en pérdidas no detectadas a lo largo de los años. Este simple sistema era una poderosa herramienta de gestión.

Durante las siguientes dos semanas, preparé la hoja de cálculo que estimaría el alimento necesario y el costo de producción de cada lote de pollos. Impresa, la hoja de cálculo tendría casi veinte páginas. Era muy sofisticada. Estaba orgulloso de mí mismo.

El Criador Alemán de Cerdos

No recuerdo cómo, pero conocí a un joven criador de cerdos alemán de nombre Gerd. Tenía unos cuarenta años y era guapo, rico y simpático. Trabajaba como agente petrolero durante la semana y los fines de semana era un caballero granjero. Su padre era miembro de la junta directiva de un gran banco alemán. El padre era muy rico, y Gerd tenía muchas inversiones de gran valor en Alemania. Me confesó que vivía de sus rentas alemanas y jugaba con lo que ganaba como agente petrolero.

Gerd estaba casado con una hermosa joven de piel oscura y pelo negro intenso. Supuestamente era una princesa india. Tuvieron varios hijos juntos y vivían en toda la cuadra de una ciudad de São Paulo, donde los bienes inmuebles eran muy caros. Parecían ser una pareja muy unida. Yo disfrutaba viéndolos juntos.

Gerd tenía una granja a tres o cuatro horas de São Paulo. En su granja, tenía una casa preciosa con muchas habitaciones, una cocina preciosa y una sala de estar impresionante, con una chimenea muy acogedora y un sofá empotrado en el que cabían una docena de personas. A Gerd le gustaba organizar fiestas para sus amigos en su granja. Era muy sociable.

Gerd me enseñó su granja. Tenía doscientas vacas y un buen gestor del rebaño, aunque sus pastos estaban demasiado explotados. Su principal actividad no era la ganadería, sino la producción porcina. Había construido varios corrales para sus cerdas. En cuanto las cerdas destetaban a sus lechones, los trasladaba a otro corral donde los ponía en régimen de crecimiento y engorde.

Cada mes, añadía más unidades de producción. No recuerdo cuántas cerdas tenía entonces, pero su producción ya no podía considerarse pequeña. Su objetivo era convertirse en un gran productor de carne de cerdo. Su capacidad de producción aumentaba lenta pero constantemente.

Gerd necesitaba saber cuánto dinero invertía en cada corral y cuáles eran sus costos de producción. Le recomendé que empezara a recopilar datos para poder gestionar su inversión. Yo crearía los formularios necesarios.

Gerd era miembro de una cooperativa local exclusiva. No todos los agricultores podían afiliarse. Me explicó que sólo podían afiliarse agricultores de sangre alemana, suiza o austriaca. El grupo excluyó a los brasileños porque, según él, les costaba cumplir sus promesas. Cuando la cooperativa acordó invertir dinero en una nueva estructura para la cooperativa, los miembros aceptaron poner dinero. Habían descubierto que los brasileños con frecuencia hacían promesas que no podían o no querían cumplir, mientras que los agricultores alemanes cumplían al pie de la letra lo que habían dicho que harían. Para que la cooperativa progresara, no podían perder el tiempo con gente que no mantenía su palabra; por lo tanto, excluyeron a los brasileños.

Una vez en São Paulo, Gerd me invitó a comer a un restaurante muy caro. No entendía por qué teníamos que vernos allí. Y lo que era peor, tenía que llevar traje. Fui porque él me lo pidió y no pude negarme a nada. Me reuní con él y su mujer en el restaurante. Gerd siempre iba vestido de traje, pero a su mujer sólo la había visto en la granja, donde iba vestida informal los fines de semana. Ese día llevaba un vestido elegante y parecía una princesa india.

Nos sentaron en una mesa en medio del restaurante. No me sentía cómodo ni como en casa. Cuando recibimos nuestros menús, Gerd y su mujer estaban ocupados averiguando quién más estaba en el restaurante. Gerd señaló a tres o cuatro hombres que dirigían proyectos agrícolas multimillonarios. Sobre algunos había leído en los periódicos. El restaurante tenía un balcón, y Gerd no dejaba de entrecerrar los ojos ante una mesa situada en su esquina más alejada. Finalmente, reconoció al hombre como el jefe de una empresa que iniciaba un proyecto agrícola valorado en más de diez millones de dólares. Se emocionó. Aún no había abierto el menú.

Al final, nunca hablamos de negocios. Me di cuenta de que yo era un adorno que necesitaban. No querían que la gente pensara que habían ido al restaurante sólo para ver quién más estaba allí, así que me habían traído. Si alguien les preguntaba, podían decir que estaban reunidos con su asesor agrícola.

Me pareció interesante ver a Gerd y a su mujer en esa situación. Me di cuenta de que Gerd deseaba ser ese hombre de la mesa de la esquina en el balcón más que nada en el mundo. Cada vez que añadía una nueva instalación de producción porcina, estaba un paso más cerca de hacer realidad ese sueño.

Unos meses después de empezar a trabajar juntos, Gerd me invitó a su casa para relajarme. Me dijo que iban a matar un par de añojos y a hacer una barbacoa. Habían invitado a algunos amigos. Me pareció una idea excelente. La cerveza fría y la barbacoa siempre hacen pasar una tarde agradable.

Cuando llegó el día, estaba sentado en una silla junto a Gerd, bebiendo cerveza mientras los añojos se asaban en una parrilla. El olor era irresistible. Luego empezó a llegar la gente. No dos ni tres, sino veinte o treinta. Todos eran granjeros alemanes, suizos o austriacos. Al parecer, Gerd había invitado a todos los miembros de la cooperativa. La mayoría tenía sesenta o incluso setenta años. Un señor mayor llegó montado en su caballo. Llevaba un traje de montar con las piernas acampanadas entre las caderas y las rodillas y botas negras de montar hasta las rodillas. Al acercarse a nosotros, golpeó las botas con su bastón. Miré hacia su cabeza, esperando ver un sombrero de las SS con una insignia nazi. Hablaba mucho en alemán. Me sentí fuera de lugar y me superaban en número.

Mucha gente hablaba portugués, pero era la primera vez que oía hablar portugués con acento alemán.

Más tarde, cuando oscureció, la conversación giró en torno a la Segunda Guerra Mundial. Permanecí en silencio. Hablaban de lo que les había ocurrido a sus padres y tíos. Algunos habían muerto en la guerra. Otros habían sido heridos y otros tenían problemas psicológicos. Algunos señores mayores habían estado en la guerra. La mayoría guardaba silencio.

Muchos alemanes decidieron abandonar Alemania e ir a Brasil hacia el final de la guerra. Algunos huyeron de los Aliados para escapar de las acusaciones de crímenes de guerra. En fin, yo me quedé callado, pero aunque me sentía desubicado, tampoco quería irme. Quería escuchar lo que dijeran. Era una oportunidad única de conocer a la gente escuchando sus historias mientras estaban completamente tranquilos. La mayoría de ellos no se daban cuenta de que yo era estadounidense. Estas historias valieron el largo viaje hasta la granja.

Sorpresa: Todos los Precios Están Congelados

Pese a todos los intentos del gobierno por contener la inflación, esta no dejaba de aumentar. Si mal no recuerdo, se situaba entre el 15% y el 18% mensual. Con un 15%, los bienes que costaban 100 dólares a principios de año costarían 535 dólares a finales de año. El gobierno estaba preocupado porque los trabajadores, los desempleados y los jubilados estaban siendo devastados por los efectos de la alta inflación. Las empresas no tenían problemas porque subían los precios a medida que aumentaba la inflación. Los trabajadores y los jubilados no podían limitarse a aumentar sus salarios y pensiones.

El problema de la inflación era la dificultad para hacer grandes compras. Imaginemos que quieres comprarte un automóvil nuevo. Fuiste a una tienda y su precio era de 24.000 dólares. Querías asegurarte de que tenías la mejor oferta, así que visitaste otra tienda, pero descubriste que te cobraban 28.000 dólares por el mismo automóvil. Volviste corriendo a la primera tienda y, mientras buscabas una mejor oferta, te dijeron que habían subido el precio a 32.000 dólares. A la hora de comprar, había que estar en sintonía con el mercado para que, cuando éste ofreciera un precio fantástico, uno pudiera reconocerlo y aprovecharlo. Si esperabas, perdías. Sin embargo, esta mentalidad contribuyó a aumentar la inflación: comprar ahora sin importar el precio; de lo contrario, más tarde podría ser más caro.

Una mañana, Brasil se despertó con la noticia de que el gobierno había declarado congelados todos los precios desde hace tres días. Cualquiera que fuera el precio que los comercios cobraban tres días antes, era el precio máximo que podían cobrar ahora y en el futuro. Algunos acababan de ajustar sus precios a la inflación unos días antes. Estarían en buena posición porque siempre sumaban un poco más al precio por la inflación inesperada. El problema era que los comerciantes que llevaban tiempo sin ajustar sus precios y que habían estado preparándose para subirlos, quizá entre un 25% y un 35%, se veían atrapados en una situación poco sostenible. Su precio de venta estaba congelado a un nivel insuficiente para cubrir sus costes, y mucho menos para generar ganancias.

Las empresas atrapadas en una situación de precios desfavorables no tenían muchas opciones. Su única protección contra la quiebra era dejar de fabricar o comercializar sus artículos. Cada semana había más espacio vacío en las estanterías de las tiendas. De nada servían las listas de la compra del supermercado. Comprabas lo que encontrabas en las estanterías. Si encontrabas papel higiénico, aunque no lo necesitaras, lo comprabas porque podía desaparecer y no volver a aparecer en meses. Al cabo de unas semanas, al menos la mitad de las estanterías de los supermercados estaban vacías. Es cierto que los trabajadores corrientes se beneficiaron de esta acción gubernamental. Ganaban más dinero que antes. Su calidad de vida mejoró. Nunca antes habían podido comer carne, así que vivir en una economía ahora sin carne no les afectó.

El mayor conflicto se produjo entre el gobierno y los ganaderos. La carne de vacuno era un producto que tenía un precio muy bajo cuando el gobierno congeló los precios. Los ganaderos no podían vender su carne sin sufrir pérdidas económicas. Se opusieron firmemente. En su mayor parte, la carne de vacuno desapareció de los estantes de las carnicerías y no fue reemplazada. La gente cambió el consumo de carne de vacuno por el de cerdo y pollo hasta que esas carnes también se volvieron difíciles de encontrar.

Durante seis meses, no comimos carne de vacuno ni de cerdo. A veces conseguíamos pollo, pero más a menudo sólo huevos, y había veces en que ni siquiera encontrábamos huevos, pero estábamos bien. El arroz y los frijoles eran una comida, o cuando teníamos huevos, el arroz y los huevos eran una comida completa. No sufríamos. Siempre comíamos lo suficiente.

En Brasil, los agricultores y ganaderos dependían totalmente de los préstamos del gobierno. Estos préstamos siempre implicaban grandes montañas de papeleo, pero aun así, valían la pena. Estos préstamos se ofrecían con tipos de interés negativos. Por ejemplo, si la inflación era del 535% anual, un préstamo puede tener un tipo de interés del 20%. Esto representaba una gran ventaja para el ganadero. Las grandes empresas agrícolas a menudo tenían un empleado cuyo trabajo consistía en obtener todos estos préstamos que la empresa pudiera conseguir. Los préstamos no sólo eran importantes para los ganaderos; eran absolutamente necesarios. Ningún agricultor podría sobrevivir si estuviera obligado a solicitar un préstamo comercial a un banco normal y a pagar tipos de interés superiores a la tasa de inflación.

El gobierno estaba harto de que los ingratos ganaderos se negaran a cooperar. Decretó que los ganaderos debían empezar a vender sus rebaños de ganado gordo, o se les prohibiría de por vida recibir más préstamos del gobierno. Esto era severo, pero los ganaderos, en actitud desafiante, agitaron los puños e insultaron al gobierno a gritos. El gobierno no estaba feliz. Tras un par de semanas, el gobierno subió la apuesta. Decretó que por cada ganadero que no entregara al carnicero animales de vacuno con el peso adecuado, el gobierno haría que un representante sobrevolara los rebaños en helicóptero para determinar si los animales tenían el peso comercializable; de ser así, el representante llamaría por radio a los camiones de ganado que esperaban en las cercanías. Estos camiones llevarían un conductor, un ayudante y de dos a cuatro soldados con ametralladoras. Entrarían en el rancho y cargarían el ganado. Al ganadero no se le pagaría nada por sus reses.

Ese era el precio por desafiar al gobierno.

Un día, durante aquella confusión, estaba visitando a mi cliente ganadero que había sido atacado a tiros. Estábamos en un pastizal, observando el ganado y el estado de la hierba, cuando apareció un helicóptero a poca altura de la nada. Voló lentamente sobre el ganado, dispersando a los animales, y luego siguió volando. Miramos al final del camino y vimos dos camiones de ganado y, detrás de las cabinas, varios hombres con ametralladoras. Retrocedieron y también siguieron su camino.

Hubo muchas protestas por el comportamiento brutal del gobierno. Al cabo de un par de semanas, el gobierno retrocedió. Creo que al final se pagó por el ganado que se había arrebatado a los propietarios.

La congelación de precios tuvo muchos efectos secundarios. Uno de ellos fue que se podían encontrar máquinas caras inservibles porque necesitaban una pieza de repuesto de cinco dólares que no estaba disponible. El gobierno, al intentar controlar la inflación, acabó con la economía. Con el tiempo, el gobierno eliminó los controles de precios, y eso provocó un aumento de la inflación porque todo el mundo subía sus precios por si acaso el gobierno decidía volver a aplicar dichos controles. Al fin y al cabo, el gobierno era impredecible, excepto en su capacidad de empeorar aún más una mala situación.

Invierno en São Paulo

Durante los inviernos en São Paulo, la temperatura llegaba al punto de congelación. Algunas veces nevaba. El problema era que la mayoría de las casas no tenían sistema de calefacción. Lo peor era que las casas estaban construidas para tener ventilación y hacer que el calor del verano fuera tolerable. En vez de ventanas de cristal, teníamos persianas. Podíamos abrir o cerrar estas persianas, pero el aire frío seguía entrando por ellas. Sobre las puertas, en el espacio entre la parte superior de la puerta y el techo, había persianas que no se podían cerrar. Estaban abiertas todo el tiempo. ¿Qué significaba esto? Significaba que si afuera hacía treinta y dos grados, dentro también hacía treinta y dos.

Teníamos que abrigar a los niños, pero no parecía que les importara porque siempre estaban jugando. El problema para mí era la hora de bañarme. Sí, las duchas eran cortas y sin rodeos. Nada de perder el tiempo.

La Policía y el Ladrón

Un día cuando volvía a casa, al acercarme al cruce con la calle sin salida, alcé la vista y vi una camioneta patrulla de la policía que venía hacia mí a gran velocidad. Los agentes que viajaban en la parte trasera y en el asiento del copiloto estaban asomados a las ventanillas, haciéndome señas para que me apartara de la carretera. Incluso el conductor me hacía señas para que me quitara de la carretera. Al principio, confundido, me detuve. El conductor de la camioneta frenó en seco para poder girar. Los policías sacaron sus armas, e incluso el conductor llevaba un revólver en la mano izquierda. El conductor entró con cuidado en el callejón sin salida mientras los demás abrían fuego hacia algo. No veía a lo que le disparaban. Sólo podían avanzar lentamente por la calle debido a los profundos baches. Cuando llegaron al final, tres de los agentes bajaron del vehículo de un salto y se metieron por la puerta que daba a las casas abarrotadas que había detrás del muro.

Seguí a la camioneta por la calle y aparqué mi vehículo en el garaje. Empecé a hablar con el conductor de la patrulla. Parecía que había un ladrón operando en nuestra región. Cada vez que la policía empezaba a perseguirlo, él siempre se dirigía a nuestro callejón sin salida y corría por la puerta del muro, desapareciendo por los estrechos pasadizos que unían las pequeñas casas. Esa era su estrategia de huida. Sabía que cualquier auto que entrara en la calle tendría que moverse lentamente debido a los baches, lo que le daba mucho tiempo para desaparecer. Katia me dijo que los niños habían estado jugando en el garaje. En cuanto empezaron los disparos, los metió en casa y los mantuvo en la cocina hasta que cesaron.

Nuestro Trabajador y los Ladrones Callejeros

Fui contratado por una empresa suiza situada en el centro de São Paulo. Como todas las oficinas, teníamos un oficinista. Su trabajo consistía en hacer recados.

Siempre llevaba un maletín viejo que contenía depósitos bancarios y facturas de la oficina por pagar. En Brasil, el dinero nunca se enviaba en un sobre. Porque nunca llegaba. A veces sólo tenía billetes para pagar, y a veces llevaba diez mil dólares en efectivo.

Nuestra oficina estaba en el cuarto piso de un edificio comercial. La calle de abajo, que estaba cerrada al tráfico de vehículos, estaba rellena y cubierta de bonitos y pequeños bloques blancos y negros que formaban interesantes diseños. La calle tenía al menos cuarenta pies, o cincuenta, de ancho y se llenaba de gente.

Una vez, cansado, decidí mirar por la ventana unos minutos. Pude ver a un hombre de negocios con un traje caro que llevaba un maletín caro. Miré diez o veinte metros detrás de él y vi que un chico joven había empezado a correr en dirección al hombre de negocios. El hombre de negocios aún no era consciente de que era su objetivo. El chico le arrebató el maletín y siguió corriendo. Antes de que el empresario se diera cuenta, el chico había girado la esquina y le había pasado el maletín a un cómplice, que lo había metido en una bolsa de supermercado y había tomado otra dirección. Según me habían dicho, normalmente había un tercer miembro de la banda cerca con un arma. Si el ladrón con el maletín robado era atacado por alguien, el tercer miembro disparaba a la persona que se enfrentaba al miembro de la banda.

No se permitía llevar pendientes, pulseras, collares ni relojes. Esto los convertía en objetivos principales. También se evitaba que las mujeres llevaran bolsos con correas largas, porque los ladrones podían cortarlas en una fracción de segundo.

Un día, el chico de nuestra oficina tenía que entregar diez mil dólares a alguien. Justo fuera de nuestro edificio, fue atacado. Luchó y consiguió escapar, e inmediatamente regresó a nuestro edificio y subió a nuestra oficina. Tenía un par de cortes en la cara y estaba muerto de miedo, pero estaba a salvo, al igual que el dinero. Fue un buen día en la oficina.

Ir al Banco el Día de Pago

En Brasil, el hecho de ir al banco era todo un espectáculo. Incluso en los bancos pequeños trabajaban de diez a doce cajeros a la vez. La gente no podía pagar las facturas enviando cheques por correo porque se los robaban. Todo el mundo tenía que ir al banco a pagar los servicios, el auto y la casa. Los bancos eran lugares con mucho movimiento. En São Paulo, los trabajadores normalmente cobraban dos veces al mes. Los ladrones sabían esto y esperaban al día de pago para robar en los bancos. A veces los ladrones robaban un banco, caminaban por la calle y robaban otro banco, continuando el proceso hasta que estaban satisfechos. Con el tráfico de São Paulo, era imposible que la policía llegara al banco a tiempo para evitar el robo.

Nunca íbamos al banco el día de pago. Siempre nos las arreglábamos para hacer negocios antes o después de esos días.

Conducir por la Circunvalación

La circunvalación era el sistema de carreteras que rodeaba el límite exterior de São Paulo. Supuestamente, era más rápido que conducir por el interior de São Paulo. La circunvalación tenía de cuatro a seis carriles en cada sentido, separados por una barrera de hormigón que impedía a los conductores tomar otro sentido. A veces el tráfico era rápido, pero normalmente lento e incluso con paradas periódicas.

Los ladrones no tardaron en darse cuenta de que cuando los automóviles estaban parados, quedaban atrapados. No podían moverse en ninguna dirección hasta que el tráfico volviera a fluir. Grupos de ladrones con ametralladoras en los brazos y máscaras en la cara esperaban a que el tráfico se detuviera. Luego salían a la carretera de circunvalación. Cada ladrón tenía un carril asignado y caminaba de un automóvil a otro, pidiendo donaciones de dinero y joyas. A veces, un grupo de ladrones caminaba río abajo y otro río arriba. Los ladrones incluso gritaban a los conductores de la fila que tuvieran sus cosas preparadas, para ahorrar tiempo a los ladrones.

Incluso cuando tenían un arma cargada en el automóvil, los conductores armados se abstenían de meterse con múltiples ametralladoras. Cuando el tráfico empezaba a circular, los ladrones caminaban hasta el borde de la circunvalación y esperaban al siguiente atasco. La policía no tenía forma de llegar a esos lugares. Esto ocurría a mediados de la década de 1980, antes de los teléfonos móviles, por lo que la gente no tenía forma de pedir ayuda.

Banco Safra

Mi negocio de consultoría no estaba creciendo y la inflación me estaba perjudicando. Quería pedirle más dinero a mis clientes, pero como los precios agrícolas no seguían a la inflación, no me pareció prudente pedirlo. Los agricultores y ganaderos tenían que controlar sus gastos. Si les pedía más dinero, podían decidir ahorrar renunciando a mi contrato. Ya me pagaban lo que podían pagar. Mi solución fue encontrar un trabajo a tiempo completo. Buscando en los anuncios de los periódicos, vi una magnífica oportunidad en el Banco Safra, que ocupaba el quinto lugar entre los bancos brasileños. Incluso en el quinto puesto, era un banco grande y propiedad de una sola persona. Este propietario participaba en el proyecto del gobierno para convencer a las grandes empresas de que invirtieran en proyectos agrícolas que convirtieran las tierras vírgenes en empresas productivas. Por ejemplo, si el Banco Safra tenía una factura fiscal de diez millones de dólares, en lugar de pagar al gobierno ese dinero, podía invertirlo en el desarrollo de nuevas tierras agrícolas y, al final, ser propietario de esas tierras.

El proyecto del Banco Safra de este tipo había comenzado con más de 400.000 acres distribuidos en tres grandes parcelas de tierra, siendo el total de acres el equivalente a un área de veinticinco millas por veinticinco millas. Las tierras estaban en el estado de Goias, junto a Mato Grosso, situado en el centro de Brasil. Una parcela de más de 100.000 acres estaba ocupada por ocupantes ilegales. Ante la posibilidad de enviar una milicia para reclamar la tierra, el banco se retiró y permitió que los ocupantes ilegales se quedaran con la tierra; sin embargo, el banco duplicó el número de personal de seguridad que vigilaba las otras dos parcelas. No querían ceder más tierras.

H. Lynn Beck

El objetivo de la empresa era explotar 15.000 acres de tierra al año. La tierra era como una sabana. El equipo encargado de limpiar el terreno unió tres cables de dos pulgadas de grosor y conectó un trozo de 200 yardas de largo entre dos grandes excavadoras. Las excavadoras atravesaron la sabana a una distancia de entre cincuenta y setenta y cinco metros. El cable daba cuerda a los árboles y los derribaba. Si los trabajadores encontraban árboles muy grandes, los rodeaban. Más tarde los derribarían individualmente tractores aún más grandes.

Cuando los árboles eran derribados, se utilizaban grandes tractores con ruedas de goma y enormes cuchillas con dientes en la parte inferior para apilarlos. Con un tractor a cada lado, los trabajadores creaban hileras de árboles apilados como alfalfa rastrillada. Una vez amontonados los árboles, los tractores giraban en la otra dirección y forzaban las hileras hasta formar montones tan grandes como fuera posible. Una vez hechos los montones, se incendiaban. Una vez quemados, se volvían a apilar y a quemar.

En cuanto se limpiaron los árboles, los trabajadores esparcieron cal y construyeron vallas alrededor de cada zona. Cada prado tenía unos ochenta acres. La superficie se despejaba dos veces y se sembraba de hierba. Los tractores trabajaban veinticuatro horas al día, en dos turnos de doce horas cada uno, y siete días a la semana. Pasaron un par de años antes de que la hierba pudiera alimentar al ganado.

Cada año, un comprador de ganado adquiriría unos cuantos miles de vacas y toros para ocupar los pastos que iban entrando. En pocos años, comprarían cinco mil cabezas al año. Después, no necesitarían comprar más vacas porque podrían añadir suficientes vacas nuevas de su propio inventario de novillas. El objetivo era aumentar el número de cabezas de ganado hasta al menos 50.000 vacas.

En São Paulo, había un grupo de diez o doce empleados encargados de planificar el proyecto para los próximos veinte años. Obtuve un empleo en el Banco Safra como subgerente de este grupo. El director era un joven de origen italiano. Era muy competente y muy profesional. Además de mí, contrataron a otros dos técnicos agrícolas. Uno era especialista en ganado y el otro en pastos. Teníamos un equipo competente.

Tuve que crear una hoja de cálculo para proyectar el número de cabezas de ganado por edades (terneros aún no destetados, terneros destetados, añojos, etc.). Tuve que tener en cuenta la mortalidad y la tasa de partos (número de terneros de cien vacas) y otras variables.

También tuve que calcular el número de tractores que debíamos comprar, por tamaños, para los próximos veinte años. Además de los costos de adquisición de tractores nuevos y de venta de tractores usados, tuve que incluir los gastos de explotación, incluidas todas las revisiones de los tractores. Una vez que toda esa sabana se hubiera convertido en pasto, podríamos vender todas las excavadoras y tractores que se habían utilizado para desbrozar el terreno. Me encantaba este trabajo. Desarrollé unas hojas de cálculo muy detalladas.

El problema de este trabajo era el tiempo que tardaba en llegar allí. Tardaba veinte minutos en llegar andando al metro y otros veinticinco en tomar el autobús. Tardaba treinta minutos en el autobús y otros quince minutos andando desde el autobús hasta el edificio. En una ocasión, cuando llovía mucho, tardé más de tres horas en volver a casa. Cada día pasaba un mínimo de más de tres horas viajando. Como mi jefe era un hombre impulsivo, no era posible pasar menos de diez horas en el trabajo. Estaba cansado todo el tiempo y no disfrutaba mucho de mi familia. Y tenía que llevar traje todos los días.

Sin embargo, me gustaba trabajar en el banco. Mi jefe estaba al mando y supervisaba activamente. Todo el mundo sabía qué se esperaba de él y lo hacía. No estaba permitido el chisme ni traicionar a nadie. Todo el mundo trabajaba duro y era amable con los demás. El jefe era quien marcaba la pauta. La diferencia entre trabajar aquí y en Natal era de la noche al día. Sí, me encantaba el Banco Safra.

Un día nuestro jefe nos dijo que teníamos que volar a la hacienda y comprobar el inventario de piezas. Me gustó la idea de visitar la hacienda, pero no la de comprobar el inventario. Volamos de São Paulo a Brasilia el domingo. Desde Brasilia alquilamos un avión de dos hélices para que nos llevara al rancho, ya que tenía su propia pista de aterrizaje. Viajábamos cuatro personas: el hombre del pasto, el de las vacas, el jefe y yo. Un jeep nos recogió y nos llevó a una gran casa de huéspedes, donde cenamos y nos llevaron a nuestras habitaciones. El alojamiento era excelente, al igual que el cocinero.

Por la mañana del lunes desayunamos temprano y nos fuimos a la sede de la hacienda, donde conocimos al director del proyecto. Parecía que nunca estaba de buen humor, aunque ser responsable de un proyecto cuyo presupuesto anual superaba los diez millones de dólares podía quitarle la sonrisa a una persona.

No entendía qué teníamos que hacer con el inventario. La hacienda tenía tantos objetos en inventario, sobre todo si contábamos las piezas de los tractores, los materiales para construir vallas y todas las demás cosas... ¿De verdad íbamos a contar todas esas cosas? El director del proyecto y nuestro jefe hablaron directamente durante casi una hora, y luego ya no tuvimos que contar nada. No tenía ni idea de lo que había ocurrido ni del motivo por el que cuatro personas habíamos viajado hasta allí, excepto que era importante que viéramos la hacienda para la que estábamos haciendo toda la planificación.

Recorrimos los alrededores y vimos todas las etapas del trabajo, incluido el tendido de los árboles, el enrollado, el amontonamiento, la quema, etcétera. Las vallas eran nuevas y el ganado enorme. Todos eran cebús, animales enormes con una joroba sobre los hombros, y malhumorados. En una reunión de grupo, el encargado del pasto dijo que creía que la hierba se establecería más rápido si las semillas estuvieran protegidas por un fino abono. El director del proyecto declaró que se iban a sembrar con carácter experimental dos mil acres de centeno. Su gente hizo un pedido de dos cosechadoras John Deere.

Venderían las semillas y empacarían la paja, que luego utilizarían como mantillo. Si funcionaba, ampliarían la empresa.

Después de comer fuimos a vacunar a las vacas y a destetar a los terneros. Las vacas cebú, cuando están con sus terneros, no sólo son temperamentales, sino desagradables y peligrosas. Por eso, la hacienda tenía corrales de madera de dos metros de altura como mínimo. Los trabajadores llevaban a las vacas y a los terneros a través de una rampa alta y estrecha. En la parte de afuera de la rampa había una cornisa a metro y medio del suelo. Nos pusimos de pie en esta cornisa con las rodillas apoyadas en la tabla superior de la valla y las jeringuillas en las manos. Cada uno tenía una vacuna diferente. Cuando la vaca entraba por la rampa a sesenta kilómetros por hora, nos inclinábamos hacia delante y le dábamos una dosis de la vacuna que nos habían asignado. El ternero siempre iba detrás de la vaca. Por delante de mí, un hombre controlaba una puerta. Enviaba a la vaca a la izquierda y al ternero a la derecha. En cuanto la vaca lo descubrió, se volvió loca. Lloraba, mugía, tiraba tierra con las patas delanteras y se quejaba para que todos la oyeran.

Detrás de nosotros había varios corrales vacíos. En una ocasión me aparté de mi tarea y vi a una vaca enloquecida dando zarpazos en la tierra, con los ojos fijos en mi trasero. Les grité a los demás y todos saltamos al otro lado de la rampa. La vaca arremetió contra el lugar donde yo estaba. Era una madre enfadada y se las había arreglado para saltar dos vallas de dos metros y medio y llegar al lugar donde pensaba vengarse de nosotros. Vinieron los vaqueros y la llevaron de vuelta al corral donde debía estar.

Tuvimos tiempo para hablar con la gente que trabajaba en la hacienda. Un hombre nos habló del río que corría por las tierras. Era un río enorme. Dijo que la gente había pescado peces tan grandes del tamaño de un hombre. Dijo que la hacienda tenía problemas con los indios que subían por el río y robaban los botes de la hacienda. Un par de indios habían entrado en la base de operaciones del banco, se colocaron una canoa en la cabeza y se fueron. Habían hecho esto durante el día sin intentar ocultar lo que hacían. Llevaban arcos y flechas colgados del hombro. La hacienda lo anotó como un gasto. La empresa no quería iniciar una guerra con los indios.

La inflación seguía aumentando un poco cada mes. Después de trabajar unos meses en el Banco Safra, la inflación había alcanzado entre el 30% y el 35% mensual y seguía aumentando. El banco tuvo que hacer algo para que sus empleados no protestaran. Dio aumentos salariales automáticos del 22% al mes durante dos meses, y al tercer mes, dio un aumento doble, que equivalía a un aumento del 49%. Esa combinación de aumentos salariales equivalía a una media del 30% mensual. Eso ayudó, pero mi problema era que el pago del alquiler de mi casa se ajustaría a la inflación en diciembre. Mi mejor estimación era que sería diez veces mayor. Si ahora pagaba 100 dólares al mes, aumentaría a 1.000 dólares mensuales. No entendía cómo podría pagarlo. Mi única solución era mudarme más lejos del trabajo, y esa no era una opción posible en lo que a mí respecta. Estábamos estancados.

Katia y yo tuvimos muchas conversaciones sobre nuestro futuro. Kevin iba a la escuela y le enseñaban en portugués. Nick iba a preescolar y Christianne tenía cuatro años. Al final, decidimos que volveríamos a Estados Unidos, después de vivir ocho años en Brasil. En general, los niños podrían empezar la escuela en Estados Unidos.

Preparativos para Regresar a EE.UU

Descubrí que, para obtener el visado de salida permanente, necesitaba unos veinte documentos, todos ellos obtenidos en los últimos treinta días antes de salir de Brasil, y para cada uno de los estados en los que había vivido. Le di una copia de la lista a Seu José, y él y sus amigos me dijeron que no me preocupara.

Comencé en São Paulo. En primer lugar, descubrí que, para obtener un documento, a menudo necesitaba otros tres o cuatro, y que las oficinas correspondientes estaban distribuidas por toda la ciudad. Algunas veces, para conseguir un documento tenía que hablar con una persona concreta que casualmente llevaba dos semanas de vacaciones. Nadie más se atrevía a darme el documento: el hombre que estaba de vacaciones era el jefe, y era suya y sólo suya la responsabilidad. Siempre tenía que pagar por un documento, pero a veces una oficina no aceptaba dinero en el lugar donde se expedía el documento. Tenía que ir a un banco al otro lado de la ciudad para pagar. Nunca era el banco de al lado. Nunca era sencillo, de hecho, siempre era complicado.

Tardé muchísimo en obtener los documentos. Me preocupaba que su validez empezara a caducar antes de tener todos los papeles necesarios. A veces sólo quería sentarme en un lugar tranquilo y llorar.

También vendíamos muebles, automóviles y otras cosas. A medida que recibía cruzeiros (la moneda brasileña de la época), me daba prisa para cambiarlos a dólares antes de que la inflación pudiera devaluarlos aún más. Para hacerlo, tuve que ir al mercado negro, ya que era muy complicado, o incluso imposible, hacer este cambio en el Banco do Brasil, el único banco donde podía cambiar legalmente cruzeiros por dólares. Encontré un cambio ilegal en el mercado negro a tres metros delante de la oficina de la policía nacional. Por eso me encantaba Brasil. Las leyes no significaban nada. Era como el concepto de jeito. Siempre había una forma de evitar la ley, y a veces era sólo unos metros delante de la comisaría.

Al final, vendimos todo lo que pudimos y separamos lo que nos íbamos a llevar. Yo tenía mis documentos y habíamos cambiado todo nuestro dinero por dólares estadounidenses. Entonces me enteré de que Katia necesitaba un visado para volver a entrar en Estados Unidos, y que tardaría tres meses en obtenerlo. Bueno, eso no estaba previsto. Así que hice que la empresa de mudanzas recogiera nuestras cosas para enviarlas a casa de mi hermana en Estados Unidos. El día que tenía que irme de Brasil, embarqué a Katia y a los niños en un avión con destino a Natal por la mañana. Allí pasarían una temporada con la familia de ella antes de trasladarse a Estados Unidos. En realidad, así debía ser. Doña Naide y Seu José necesitaban pasar tiempo con su hija y sus nietos antes de prolongar su estancia en Estados Unidos.

Estuve todo el día esperando el vuelo de la tarde. Vi dos películas para pasar el rato. Llegó la hora de salida de mi vuelo. Era el 1 de agosto de 1987. Cuando el avión se preparó para despegar, mi mente estaba llena de emoción y terror. No tenía trabajo, muy pocas posesiones, muy poco dinero y una familia que dependía de mí. Empezaba de cero. Mi hermana Shelli y su familia me iban a recoger en el aeropuerto, y sabía que podría pasar unos días con ella en su casa. Después, todo fue desconocido.

Hice una larga escala en Miami, durante la cual estuve desesperado. Estuve fuera del país durante ocho años. No sabía cuánto había cambiado. Tampoco podía decir frases en inglés. Siempre tenía que utilizar palabras y estructuras portuguesas. No era agradable. Después de lo que me pareció una eternidad, mi vuelo partió hacia Atlanta y, finalmente, Omaha.

De Nuevo en Casa Después de Ocho Años

Me quedé boquiabierto cuando vi a mi hermana pequeña Shelli y a su familia. Metieron mi equipaje en el maletero del automóvil y salimos. Todos querían hablar conmigo, pero yo estaba tan abrumado por todo que no podía responderles. A veces la conversación era incómoda porque tardaba mucho en responder a sus preguntas. Además, los niños habían crecido mucho.

A medio camino de casa, quisieron parar a comer en un restaurante de carnes. Yo tenía hambre, pero seguía abrumado y no podía comer. Todos pidieron comida y yo pedí una cerveza, y luego otra. Cuando empecé a relajarme, ya era hora de irnos. No había comido nada y ahora me arrepentía porque tenía hambre.

Esa noche dormí como un tronco, tanto por el alivio de estar de vuelta en Estados Unidos como por las cervezas que me había bebido. A la mañana siguiente tenía mucha hambre así que comí bien. Shelli y su marido Bob accedieron a alquilarme la casa donde Bob se había criado. Podía pagar un alquiler bajo. La casa estaba situada al final de dos calles y junto al río Loup. Era perfecto. Yo quería naturaleza salvaje. No habría ningún tráfico pasando por nuestra casa. Una de las carreteras que terminaba junto a nuestra casa llevaba décadas abandonada y sólo podían transitar por ella vehículos con tracción a las cuatro ruedas. La otra calle llegaba hasta la entrada de nuestra casa.

Por Fin, un Empleo

Me compré un auto viejo y destartalado y empecé a buscar trabajo. Después de algunos empleos diarios como friegaplatos, conseguí un trabajo en Columbus, Nebraska, en una planta de fabricación. Viajaba cuarenta millas en cada dirección, la mitad de esta distancia por caminos de grava o tierra. Mi trabajo consistía en manejar un robot soldador, así que estaba ocho horas de pie apretando botones. La empresa para la que trabajaba fabricaba asientos para automóviles y camionetas Ford y enviaba los asientos a la fábrica de la empresa en Kansas City.

Al cabo de un par de semanas, pasamos a trabajar obligatoriamente nueve horas al día, y un par de semanas más tarde, a diez horas diarias. Mis ingresos iban mejorando. Me hice amigo de mi supervisor y le dije que necesitaba encontrar la manera de ganar más dinero. Me dijo que había una vacante de jefe en el departamento de envíos. Me recomendó y conseguí el trabajo y un pequeño aumento. Era el número dos del departamento de envíos, por detrás del director, que cobraba un salario.

Pronto tuvimos que trabajar también los sábados. A veces, en el departamento de envíos tenía que trabajar doce horas cada uno de los seis días. Mi sueldo empezaba a impresionarme. Sin embargo, el director no estaba contento porque él era un trabajador asalariado y recibía el mismo dinero tanto si trabajaba cuarenta horas semanales como ochenta. Yo ganaba el doble que él, lo cual no era justo para él, pero sí para mí. El único problema era que me dolían los pies de tanto caminar sobre cemento. También me dolían las manos de tener que mover y manipular las piezas de metal que se fabricaban.

Por las mañanas, cuando me despertaba, estaba agotado y no podía mover ni los pies ni las manos. Tenía que usar una mano para masajearme la otra hasta que se me pasaban la rigidez y el dolor. Después me masajeaba los pies. Tuve tiempo de desayunar y luego salí para otro turno de doce horas.

El 8 de octubre de 1987, Katia y los niños llegaron de Natal. Me alegré mucho de verlos. Ya no quería estar solo. A los niños les encantaba la granja. Había muchos edificios viejos, montones de paja, cerdos y vacas, y nunca se aburrían. Una vez, Nicholas se subió al tejado de un pequeño cobertizo y, al saltar hacia el suelo, su cinturón se enganchó en un clavo. Kevin siguió jugando, pero los gritos de Nicky atrajeron por fin la atención de Katia. Tuvo que llamar al tío Bob, que se apresuró a salvar a Nicky del tejado. De hecho, el tío Bob siempre estaba salvando a Nick o a Katia o a alguien.

Katia no estaba muy segura de vivir en una granja con cerdos y ganado. En una ocasión, mientras estaba limpiando el dormitorio, vio por la ventana una vaca que la miraba. Le pidió ayuda al tío Bob. Katia le explicó que había una vaca enfadada mirándola por la ventana. Bob vino y guió a la vaca vieja de vuelta al corral.

Katia quería un auto para poder llevar a los niños a la escuela, así que compré una vieja camioneta Toyota de cuatro velocidades para mí y le di el auto feo que había comprado al regresar. La camioneta también era vieja y fea, pero yo amaba mi Toyota. Me llevaba al trabajo y me traía a casa siempre a las tres de la mañana. En el invierno, durante una tormenta de nieve, los treinta kilómetros de viejas carreteras rurales estaban a la deriva. Puse la tercera velocidad y pisé el acelerador. Cada ventisca intentaba atraparnos, pero después de dudar un segundo, mi Toyota atravesó las ventiscas y me llevó a casa sano y salvo.

Teníamos un pequeño problema. Kevin y Nicholas estaban ya en edad escolar, y su colegio era una escuela rural de dos aulas en una comunidad polaca. Kevin y Nicholas no hablaban inglés, no decían ni una palabra. Después de llegar a casa a las tres de la madrugada, tenía que levantarme, llevarlos a la escuela y sentarme con ellos durante varias horas, sirviéndoles de traductor. Luego iba a mi turno de doce horas. Durante tres o cuatro semanas pensé que me iba a morir. Solo quería dormir, pero Kevin y Nicholas aprendieron inglés rápidamente. Los otros niños y los profesores fueron de gran ayuda.

El Día de Acción de Gracias, la empresa nos regaló a todos los empleados un jamón de dos kilos. A la hora del descanso nos ordenaron que los lleváramos a nuestros vehículos y cerráramos las puertas con llave para que no nos los robaran. Cuando llegué a mi camioneta y estaba a punto de colocar mi jamón en el asiento del vehículo, vi a mi amigo en el suyo. Le grité: "¡Eh, Gus! ¿No es genial que nos hayan dado a todos un jamón de tres kilos?". Para mi sorpresa, me contestó que sí. Miré a mi alrededor, y hombres y mujeres se detenían y volvían a sus vehículos. Otros sostenían su jamón de dos kilos hacia los faros de seguridad del estacionamiento. Otros tenían el encendedor apagado. Oí varias expresiones de "¡Mierda!", seguidas de golpes de puerta. Sonreí y volví a la sala de descanso. Fue muy fácil.

Nuestro contrato con la planta Ford de Kansas City consistía en que teníamos que suministrar a la planta por la mañana las piezas que necesitaría por la tarde. Era un acuerdo "justo a tiempo". Si no lo hacíamos y la planta de Ford tenía que dejar de funcionar por falta de piezas, nuestra empresa tenía que pagar una multa. Creo que era superior a cincuenta mil dólares por hora. Nuestra empresa quería evitar esta situación. Un día tuvimos una situación. Teníamos un camión cargado de asientos de automóvil que ya se dirigía a Kansas City, pero no iban a llegar a tiempo para llegar puntualmente, y se nos aplicaría la multa.

Para evitar desesperadamente que se aplicara la multa en su turno de guardia, el director de nuestra planta nos ordenó que reuniéramos unos cincuenta asientos de este tipo que teníamos por ahí. Si los llevábamos al aeropuerto a tiempo, los trabajadores podrían arrancar los asientos del avión de la empresa, llenar el avión con esos asientos y trasladarlos rápidamente a Kansas City. Supuse que el director pretendía que el avión aterrizara en la planta de Ford y solucionara el problema.

El director pidió voluntarios. Un tipo ofreció su camioneta, y el director de la planta encontró un remolque para transportar los asientos y yo me ofrecí voluntario para acompañarlo. El jefe de planta era tan exaltado que ponía nerviosos a todos los que veía. Varias personas colocaron los asientos en el remolque de forma desordenada. El jefe de planta dio una palmada en el hombro al conductor de la camioneta y le dijo que se apresurara. Y así lo hizo. Se metió en el tráfico y pisó el acelerador hasta el fondo. De hecho, iba a una velocidad insegura con el remolque, que empezó a balancearse de un lado a otro del carril. Sentí que el remolque tiraba de la camioneta, y entonces el remolque se volcó, lanzando los asientos de delante a cuatro carriles de tráfico, dos de ellos en sentido contrario. Los conductores de los vehículos que circulaban en sentido contrario vieron esas motas negras volando por el aire, cada vez más grandes, hasta que se estrellaron frente a ellos. Los conductores frenaron bruscamente para evitar chocar con los asientos voladores y empezaron a jadear cuando se dieron cuenta de lo cerca que habían estado de sufrir un grave accidente.

Ningún otro vehículo o conductor resultó herido en el accidente, pero pudo haber sido mucho peor. Me enfadé con el director de la planta por haber puesto en una situación difícil al conductor de la camioneta, que sólo quería ayudar a la fábrica. Pudo haber sido responsable de varias muertes.

Enseguida nos pusimos a trabajar para corregir el remolque volcado, ralentizar el tráfico y recoger los asientos de los vehículos dañados. Todos los asientos estaban dañados, raspados o doblados. Lo único que pudimos hacer fue volver a la fábrica y decirle al director que su plan no había funcionado. Tenía la cara roja y pensé que iba a explotar.

1988 y Más Allá

Encontré un empleo como administrador de granjas en Farmers National Company, donde trabajé hasta mediados de 1995. Después me trasladé a la zona de San Luis y trabajé en una empresa que ayudaba a los agricultores a comercializar sus productos básicos. Después trabajé en un par de empresas de estudios de mercado en las que no había escrúpulos. Cansado de las empresas, en 1999 empecé a enseñar estadística en la Escuela de Negocios de la Universidad del Sur de Illinois en Edwardsville, donde enseñé hasta agosto de 2015, cuando me jubilé.

www.ingramcontent.com/pod-product-compliance
Lightning Source LLC
LaVergne TN
LVHW051216070526
838200LV00063B/4925